改变世界的巨人
瓦特

松鹰 著

童趣出版有限公司编　人民邮电出版社出版
北京

图书在版编目（CIP）数据

改变世界的巨人瓦特 / 松鹰著；童趣出版有限公司编. -- 北京：人民邮电出版社，2023.9
ISBN 978-7-115-62047-7

Ⅰ．①改… Ⅱ．①松… ②童… Ⅲ．①瓦特瓦特（Watt, James 1736-1819)－传记－少儿读物 Ⅳ．①K835.616.16-49

中国国家版本馆CIP数据核字(2023)第110830号

著	：松　鹰
责任编辑	：张凌云　徐　妍
执行编辑	：王珂玥
责任印制	：李晓敏
美术编辑	：段　芳
排版制作	：曹雨锋工作室

编　　　址	：童趣出版有限公司
出　　　版	：人民邮电出版社
地　　　址	：北京市丰台区成寿寺路11号邮电出版大厦（100164）
网　　　址	：www.childrenfun.com.cn

读者热线：010-81054177　　　经销发行：010-81054120

印　　　刷	：三河市兴达印务有限公司
开　　　本	：880×1270　1/32
印　　　张	：6
字　　　数	：150千

版　　　次	：2023年9月第1版　2023年9月第1次印刷
书　　　号	：ISBN 978-7-115-62047-7
定　　　价	：28.00元

版权所有，侵权必究。如发现质量问题，请直接联系读者服务部：010-81054177。

序

瓦特是举世闻名的英国发明家。他从小体弱多病，却聪明好学，动手能力极强。从家喻户晓的"瓦特和水壶"的故事中，我们就能够感受到他善于观察、专注力强、勤于思考等优秀品质。

青年时，瓦特只身前往外地求学，很快便习得机械制造的本领，并得以在格拉斯哥大学开设数学仪器制造所。一次偶然的机会，瓦特接触到纽科门蒸汽机模型，并发现了纽科门蒸汽机的致命缺陷。从此，他的人生之路发生了改变。

经过苦苦思索、反复试验，在两位实业家罗巴克和博尔顿的先后帮助下，瓦特历尽艰难、不懈努力，终于改良了蒸汽机，使蒸汽机变得高效，极大地提高了社会生产力。此后，瓦特不断改良蒸汽机的设计，使其能够广泛地应用在各类工厂，成为几乎所有机器的动力，变成真正国际的发明。瓦特蒸汽机推动了工业革命的发展，促进了交通运输业的重大变革，使人类进入"蒸汽时代"。

瓦特一生都不曾停止科学探索的步伐。除了改良蒸汽机，他还试制了蒸汽锤，发明了复印机、雕像复制机等，并为测定动力确定了一种标准单位——马力。他因此当选为英国皇家学会会员，还被接纳为法国科学院外籍院士，荣誉满身。

为了纪念瓦特，国际单位制中的功率单位以"瓦特"命名。

它武装了人类,使虚弱无力的双手变得力大无穷,健全了人类的大脑以处理一切难题。它为机械动力在未来创造奇迹打下了坚实的基础,将有助并报偿后代的劳动。

——在瓦特的《讣告》中对蒸汽机改良的赞颂

一个人奋斗不论成败,只是在把世界雕琢完美,尽你所能,勇敢地去做。到你衰老的时候,应满足地走开,让后人奋斗。

——瓦 特

前言

世界因他们而精彩

这套《改变世界的巨人》系列丛书精选了来自世界不同国家的科学家和发明家，将他们有趣又独特的成长故事娓娓道来。这些科学家和发明家共16位，包括居里夫人、麦克斯韦、马可尼、莫尔斯、贝尔、贝尔德、爱迪生、瓦特、诺贝尔、莱特兄弟、比尔·盖茨、乔布斯、斯蒂芬森、富尔顿和福特。

居里夫人，这位伟大女性发现的镭为癌症患者带来了福音，减轻了无数病人的痛苦。她以自己的天赋和勤奋，在物理学和化学两个领域做出了杰出贡献，成为第一个两次获得诺贝尔奖的人。诺贝尔，这位瑞典化学家、诺贝尔奖的创立者，一生钟情于研究炸药，却厌恶战争，憧憬和平。他创立的诺贝尔奖成为全世界科学精英们追求的梦想。

瓦特，这个英国工匠的儿子，改良的蒸汽机带动了工业革命的发展，使世界文明和人类生活发生了很大的改变，"它（蒸汽机）武装了人类，使虚弱无力的双手变得力大无穷"。在瓦特改良的蒸汽机的带动下，矿工出身的斯蒂芬森发明了蒸汽机车，开辟了全球铁路运输事业。自学成才的工程师富尔顿造出了世界上第一艘蒸汽机轮船，为世界航海事业做出了重大贡献。福特，这个农民出身的汽车大王，他的T型汽车创造了一个时代的奇迹，正是他"为世界装上了轮子"，使汽车从奢侈品变成大众化的交通工具。莱特兄弟，这两个想征服蓝天的美国大男孩儿，历尽挫折，紧密合作，最终实现了人类的飞行梦想。因为他们，人类不仅可以乘着火车、汽车在陆地上奔驰，乘着轮船在海洋里畅游，还能乘着飞机在天空中翱翔，人类的生活从此变得更加便捷。

麦克斯韦，这位与牛顿和爱因斯坦齐名的英国物理学家，创立了电磁学理论，天才地预见了电磁波，为后来无线电的诞生和发展开辟了道路。今天我们能够生活在电磁波的世界中，电视、广播、无线电通信、导航、遥控、遥测、雷达等现代技术的发展都受惠于他的贡献。意大利青年马可尼后来居上，成功用无线电波传递了信息，成为举世闻名的无线电发明家。

莫尔斯，这位美国画家，因41岁时受科普演讲鼓舞，改行研究电报，后来竟创造奇迹，获得成功。他的发明揭开了人类通信史上崭新的一页。有意思的是，追寻着他的足迹，苏格兰青年贝尔发明了电话，使人类"顺风耳"的梦想成真。另一个苏格兰青年贝尔德发明了电视，让"千里眼"也变成现实。与贝尔同岁的爱迪生，这位家喻户晓的发明大王，他的留声机、电影放映机等上千项发明为我们留下了宝贵的财富。

比尔·盖茨是美国微软公司的创始人，他开启了一场信息技术革命，从此千家万户用上了电脑，人类走进信息时代。他曾连续多年登上《福布斯》美国富豪榜榜首，却将大量个人财产捐给了慈善基金会，不遗余力地回馈社会，令人敬佩。乔布斯，这位美国苹果公司曾经的首席执行官，把电脑等电子产品不断变得简约化、平民化，开启了移动互联网时代，让人类的通信更加便捷、娱乐更加丰富、生活更加美好。

这16位改变世界的巨人的成才道路和创业经历坎坷曲折，多姿多彩。他们的高尚品格和精神风貌带给人们许多启迪。我们重温他们的故事，倍感亲切，深受鼓舞。他们那种为人类造福的理想，那种敢于创新的精神，那种不怕失败、百折不挠的毅力，将永远激励后人。可以想象，如果没有他们发明的火车、轮船、汽车、飞机、电报、电话、无线电、电视……我们生活的世界不可能像现在这样精彩。让我们向这些改变世界的巨人致敬！

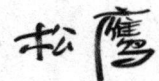

瓦特生平简历
1736—1819

1736
1月19日，出生于英国苏格兰地区的格里诺克。

1749
考入文法学校读中学，成绩名列前茅。

1755
到伦敦学习仪器制造技术，拜摩根为师。

1757
被格拉斯哥大学任命为"大学数学仪器制造师"，在大学里设立数学仪器制造所。

1764
与表妹玛格丽特结婚。

1765
找到了解决纽科门蒸汽机症结的办法——将冷凝器与汽缸分离。

1767
罗巴克对瓦特的发明很感兴趣，同意投资开发并将其应用于商业。

1769
取得改良蒸汽机的专利。

1774
与博尔顿合作，成立博尔顿-瓦特公司，将自己设计的蒸汽机投入生产。

1776
瓦特蒸汽机在本特利矿区首次向公众展示，引起轰动。

1777
携第二任妻子安前往康沃尔矿区安装瓦特蒸汽机。

1781
根据助手默多克提出的思路，研制出称为"太阳与行星"的齿轮联动装置，并成功申请了专利。

1782
双向推动式蒸汽机取得专利。为测定动力确定了一种标准单位——马力。

1794
瓦特和博尔顿的公司更名为"瓦特–博尔顿公司父子公司"。长子小詹姆斯·瓦特加入蒸汽机事业。

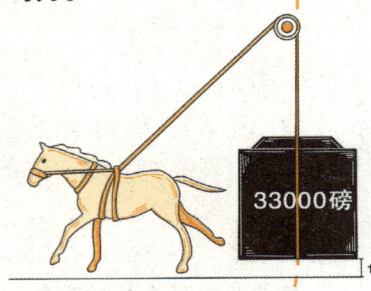

1800
瓦特蒸汽机专利期满。与博尔顿合作结束，于同年退休。

1819
8月25日，在希斯菲尔德的家中去世，享年83岁。

Contents 目录

序
前言
瓦特生平简历

引言 …………………………………………………… 1

第一章　工匠的儿子
体弱多病的童年 ………………………………………… 3
我也要像牛顿一样 ……………………………………… 9
与众不同的学生 ………………………………………… 13
"瓦特和水壶"的故事 …………………………………… 17

第二章　学徒生涯
家遭变故 ………………………………………………… 21
赴伦敦学艺 ……………………………………………… 26
行规森严 ………………………………………………… 32
天道酬勤 ………………………………………………… 36

第三章　大学里的数学仪器制造所
初试牛刀 ………………………………………………… 42
贵人迪克相助 …………………………………………… 48
能工巧匠 ………………………………………………… 53
与纽科门蒸汽机的机缘 ………………………………… 58

第四章　投身蒸汽机的改良
先行者们 ………………………………………………… 64
找到纽科门蒸汽机的命门 ……………………………… 68
瓦特的灵感 ……………………………………………… 73
独立的冷凝器 …………………………………………… 78

第五章　发明家与实业家

陷入困境……………………………………………… 85
合伙人罗巴克………………………………………… 90
实业家博尔顿………………………………………… 96
绝处逢生……………………………………………… 101

第六章　走向市场

移师伯明翰…………………………………………… 107
首次亮相引起轰动…………………………………… 113
"征战"康沃尔矿区…………………………………… 120
助手默多克…………………………………………… 127

第七章　蒸汽时代

改良再改良…………………………………………… 133
披荆斩棘……………………………………………… 139
轮船与火车…………………………………………… 147
工业革命……………………………………………… 155

第八章　老骥伏枥

学术明灯"月亮社"…………………………………… 160
财富与荣誉…………………………………………… 166
阁楼里的发明家……………………………………… 171

引言

瓦特蒸汽机的问世，是人类近代史上一件翻天覆地的大事。过去由人力、畜力、风力或水力带动机器干的活儿，自瓦特蒸汽机问世后全部都用瓦特蒸汽机来做了，人类的生活和世界的文明因此而改变。瓦特蒸汽机的推广和运用使工业革命得以更快地向纵深方向发展，使世界进入一个崭新的时代，瓦特也因此被誉为人类历史上最著名的发明家之一。

瓦特并不是发明蒸汽机的人，在瓦特之前，英国工程师托马斯·纽科门就造出了第一台实用的蒸汽机。但纽科门蒸汽机结构粗糙、耗煤量惊人，只有英国少数煤矿主才用得起。瓦特对纽科门蒸汽机做了一系列重大改良，才使蒸汽机成为"真正

国际的发明"，并推广到全世界。瓦特在世人心目中的崇高地位，是当之无愧的。

瓦特改良蒸汽机不是单枪匹马完成的，他得到了两位企业家——罗巴克和博尔顿的大力支持。罗巴克为资助瓦特改良蒸汽机而倾家荡产，博尔顿的雄才大略则使瓦特化险为夷、绝处逢生。最后，他们三人共同创造了辉煌。

瓦特是一个英国工匠的儿子，自幼体弱多病，没有受过完整的教育，但他从小就善于观察，对事物充满好奇心。那个流传甚广的"瓦特和水壶"的故事，就像"牛顿和苹果"的故事一样，至今脍炙人口。瓦特勤奋刻苦，坚持理想，从一个制造数学仪器的学徒起步，最终成长为杰出的发明家和科学家。

瓦特的成功不是偶然的，他的成才之路为我们带来了许多启迪……

第一章 | 工匠的儿子
体弱多病的童年

在苏格兰中西部的克莱德河畔,坐落着一座美丽的古城格拉斯哥,它是苏格兰最大的城市和商港。这里既盛产煤和铁,又有航运之便,造船业发达,所以很早便成为一座工业重镇和外贸商埠。

从格拉斯哥沿着克莱德河向西,有一座名叫格里诺克的小城,地处克莱德河的河口地带。格里诺克可以停泊吃水较深的大船,因此成了格拉斯哥的一个辅助港口。当地居民大都在海港和造船厂工作,生活虽不算富裕,但也能过得去。

1736年1月19日,瓦特就诞生在格里诺克小城的一个工匠家庭。

瓦特的父亲詹姆斯·瓦特是一个造船工,不仅技术娴熟,而且善于经营。他的业务范围广泛,除了造船之外,还制作木家具,承包土木建筑、房屋修缮工程,并且做些杂货买卖。他还与别人合资购买了几艘船只,开展海运业务。

瓦特的祖籍并不是格里诺克,而是遥远的苏格兰东北部的阿伯丁市。瓦特的祖父托马斯·瓦特,年轻时为了躲避保皇党的迫害,逃到格里诺克附近的小渔村卡茨代克避难,并在这里

娶妻生子，定居下来。

瓦特的祖父在当地的学校当数学老师，由于他学识渊博又勤恳敬业，很受学生们爱戴。为了适应社会发展，他还先后开设了工程勘测和航海技术等课程，为格里诺克培养了不少人才。由于贡献突出，瓦特的祖父在当地颇受尊敬，被选为地方教会长老和市政官，负责当地的市政管理、刑事审判和学校教育等工作。瓦特的祖父活了92岁，尽享天年，是格拉斯哥地区时代变革的见证人。

瓦特的祖父有两个儿子。大儿子是一个优秀的土地测量师，曾主持对克莱德河的首次勘测，为后来的克莱德河疏浚改造工程做出了贡献。小儿子（即瓦特的父亲）生于1698年，从小就爱动脑筋，手脚也特别灵巧，很讨父母的喜爱。瓦特的父亲念完中学以后便被送到一个造船工匠那里当学徒。造船工匠的收入很高，在当时是个让人羡慕的职业。

瓦特的父亲出师后，在格里诺克开了一家小工厂。他的事业一帆风顺。年轻时，瓦特的父亲便同瓦特的祖父一样，成为当地的绅士。他曾担任格里诺克的市参议员，还一度被推选为市长。这表明，瓦特家族在当地算是比较显赫的了。

瓦特的父亲30岁时爱上了一个出身高贵的姑娘阿格尼

第一章｜工匠的儿子

丝·缪尔黑德（即瓦特的母亲），并同她喜结连理。缪尔黑德家族是苏格兰地区的名门望族，地位显赫，人际关系很广。结婚以后，阿格尼丝成了丈夫的贤内助。

瓦特的父亲在格里诺克威廉街的码头附近买了一所房子，这所房子的后院连着宽阔的克莱德河。瓦特的父亲在后院的空地上建起了造船作坊，他的造船与海运事业就是从这里开始的。

1736年1月19日，瓦特就出生在威廉街的这所房子里。

"听说了吗？瓦特先生的夫人又生了一个男孩儿。"

造船工们议论着。

"你见过吗？长什么模样？"有人好奇地问。

"唉，又瘦又小，就像只剥了皮的兔子。"

"这一个恐怕又养不活了。"

瓦特的父母结婚后，已经生过5个孩子，但那些孩子都在出生后不久夭折了。瓦特是他们的第6个孩子。大家都很同情这位母亲。

"真可怜哪。"造船工们叹息。

在威廉街的家里，瓦特的母亲看着襁褓里瘦弱的瓦特，眼里含着万般怜爱。"不能再失去这个宝贝儿子了！"她祈求上帝保佑，让这个小生命存活下来，长大成人。

瓦特的父亲对新生的儿子也充满疼爱,每天下班回到家,他总会抱起瓦特,并把他高高举起:"我的宝贝儿子,要健康长大哟!"

瓦特在空中舞动双手,嘴里发出咿呀的声音。

"看你,这会把孩子吓着!"瓦特的母亲嗔怪道。

"不会的,你看这小家伙,还咯咯地笑呢。"

瓦特的母亲定睛细看,瓦特咧着小嘴,果然在笑。那一刻,她感到莫大的慰藉。

"亲爱的,在教堂注册时,就用你的名字给孩子取名吧!"

第一章 | 工匠的儿子

"好的!"瓦特的父亲高兴地说,"就叫詹姆斯,小詹姆斯!长大以后接我的班。"

瓦特的母亲面带微笑:"但愿咱们的小詹姆斯能像你一样强壮,那样我就心满意足了!"

在母亲无微不至的照料下,瓦特没有像他的哥哥姐姐们一样遭遇厄运,而是一天一天地长大了。不过因为先天不足,他的健康状况并不好,身体瘦小虚弱,经常生病。

瓦特的整个童年都被病痛困扰。据说,他得了一种周期性偏头痛,时常头痛恶心,并伴有呕吐症状,只有在黑暗的环境中待一段时间或睡一觉后才能缓解。麻烦的是,过一段时间,头痛又会再次发作。

在母亲的担忧和保护中,瓦特对自己的健康状况也非常敏感,经常疑神疑鬼、情绪沮丧。他总是把自己关在一个小天地里独自玩耍或苦思冥想。这使瓦特的性格变得内向、孤僻。

瓦特出生的年代,英国还处在工业革命的前夜,苏格兰地区的经济和文化教育非常落后。由于生产力低下,老百姓的生活很困苦。每逢灾荒,衣衫褴褛的饥民便从山里逃难出来,四处抢劫,导致格里诺克城里经常发生打、砸、抢的事件。因为社会秩序异常混乱,再加上瓦特体弱多病,在10岁前父母几

乎不让他上街。瓦特只得经常去家里的后院玩耍,观看父亲作坊里的工友做工。他目光专注,一言不发。工友们都很喜欢他。

"这孩子的眼睛忽闪忽闪的,看起来挺机灵。"

"这孩子将来一定和他的父亲一样有本事。"

我也要像牛顿一样

瓦特家的墙上挂着两幅肖像画,一幅是科学巨匠牛顿,另一幅是发明对数的苏格兰数学家纳皮尔。画上的纳皮尔留着山羊胡,面容清瘦,有点儿像苦行僧。牛顿则戴着假发,面庞丰腴,目光炯炯有神,看起来雍容华贵。这是牛顿荣登科学顶峰、功成名就之后踌躇满志的形象。瓦特常常目不转睛地望着这幅画像,陷入遐想。

有一天,他好奇地问:"妈妈,这位一头卷发的绅士是谁呀?"

"他叫牛顿,是个了不起的大科学家。"

"哦,他的模样好威严哪!"

母亲告诉瓦特,牛顿从小就爱读书,

还特别喜欢动手做东西。他读小学时，经常躲在外祖母家的后屋里，用锯子、锤头制作一些小玩意儿。他对制作小器械很入迷，又有一双巧手，制作的模型精巧实用。他还独自一人制作了风筝和日晷，村里的孩子们都很崇拜他。

母亲说，有一次，牛顿做了一架风筝，风筝上挂着小灯笼，晚上他把风筝放上天时，村里的人都以为是彗星横空，被吓了一跳。因为在当时，天空中出现彗星被认为是很不吉利的事情。第二天，村里的人对这件"怪事"议论纷纷，牛顿则躲在屋子里偷偷地乐。

"这个牛顿真有趣！"瓦特也乐了。

"这不仅是有趣，牛顿的小制作，有的已经可以称得上是小发明了。"

母亲又告诉瓦特，还有一次，牛顿制作了一座"水钟"，特别有意思。牛顿将一个圆木桶当作容器，在桶底钻了一个小孔，在桶壁上刻了一些刻度，然后把木桶装满水，又在水面上摆了一个浮标。木桶里的水透过小孔一滴一滴地漏进下面的容器，随着时间的流逝，桶里的水逐渐减少，水面上的浮标慢慢下移，桶壁上的刻度就可以指示出时间来。这个原理有点儿像古代计时的水漏。

第一章 | 工匠的儿子

"牛顿制作的这个'水钟'太好玩儿了！"瓦特听得兴高采烈。

"由于热爱科学、刻苦用功，牛顿后来成了大科学家。"母亲谆谆教导儿子，"他不仅创立了微积分，还发现了万有引力定律，对近代科学的发展做出了杰出的贡献……"

虽然瓦特还不懂什么是"微积分"和"万有引力定律"，但他心想那一定是非常了不起的成就。

"妈妈，我也要像牛顿一样！"瓦特的脸蛋儿兴奋得红了。

"咱们家的小詹姆斯，真是个乖孩子呀！"母亲高兴得嘴都合不上了。

父亲听见后，也拍着儿子的脑袋夸奖道："儿子真是好样儿的！小小年纪，志气比天高。"

第二天，父亲送给瓦特一套木工用具。瓦特打开工具匣子，里面有小锯子、刨子、榔头、锉子等，琳琅满目。瓦特如获至宝，爱不释手。

父亲还在后院作坊的一个角落里用废旧材料给瓦特做了一个小工作台，虽然粗糙简陋，却是瓦特的小天地。瓦特经常一个人在这里忙活，把手里的家伙敲得砰砰响。作坊里的工友们瞧着，都会心一笑。

"这孩子干劲挺大!"

"该不会把工作台砸垮吧?"

"不会的。你瞧,他的手多灵巧哇!"

起初,瓦特把自己的玩具拆了,再重新组装起来,竟和原来的一模一样。后来,在父亲的指导下,瓦特可以自己制作各式各样的小玩意儿了,比如门扶手、炉子上的吊钩、小滑车模型,还有玩具小风琴,等等。

小工作台成了瓦特锻炼动手能力的舞台,也成了他流连忘返的乐园。它让瓦特从小就学会了使用各种工具,这对他日后成为机械师产生了重要的影响。

与众不同的学生

瓦特是在家里接受启蒙教育的。父亲教他数学和其他自然科学知识,母亲教他读书、写字和绘画。瓦特很爱学习,从小便养成了浓厚的阅读兴趣,而且他喜欢动脑筋,常爱提一些有趣的问题。在绘画方面,瓦特也表现出了很高的天赋,他能照着实物写生,把家里的摆设描摹得惟妙惟肖。他还喜欢做手工,用硬纸板做成桌子、椅子、床等各种家具小模型。

但由于父母的过分保护,瓦特10岁之前几乎没有离开过家。对他来说,外面的世界是陌生的。

在瓦特11岁的时候,父亲终于说服了母亲,要送他去学校读书了。

小学离瓦特家不算远,但突然从温馨自在的家庭来到喧闹紧张的学校,瓦特完全无法适应。他从小在封闭的家庭环境中长大,性格内向,自尊心极强。他一个人独处惯了,不喜欢和同学们交往。同学们邀请他打板球,或到操场上赛跑,他总是拒绝。瓦特因此被同学们视作另类,经常遭到歧视和欺侮。

母亲听说瓦特在学校经常受气,很是担忧。

"儿子,他们这么欺负你,干脆别去学校了。"

父亲却不赞同母亲的想法。

"不能逃避。"他说,"儿子迟早要进入社会。受点儿委屈,对他也是一种磨炼。"

"你说是吗,小詹姆斯?"父亲鼓励儿子。

"是的。"瓦特觉得父亲说的话很有道理。

于是,瓦特依然每天走进学校,端正地坐在课桌前,目不转睛地听老师讲课。渐渐地,同学们对他友好一些了。瓦特也开始学着与大家沟通,虽然他仍然喜欢独处,但没有以前那么孤僻了。

有意思的是,牛顿读中学时,也总是扮演一个不受同伴欢迎、常常被欺负的角色,与瓦特的经历差不多。牛顿是个早产儿,生下来时还不到1.5千克,瘦得可以装进1升的罐子。他和瓦特一样,从小身体羸弱,性格内向,不喜欢和男生们玩耍。男生们觉得他像只"丑小鸭",经常嘲笑、戏弄他。女生们对牛顿却是另眼看待。牛顿喜欢制作一些针线盒之类的小玩意儿送给跟他一起玩耍的女生,颇得女生们的欢心。

瓦特只在小学读了两年书,虽然日子过得不太开心,但这是他从家庭到学校、从父母教育到教师教学、从封闭的安乐窝到开放的社会所必须经历的转换和磨合。

第一章 | 工匠的儿子

这种摔打磨炼，对瓦特的身心很有益处。这段小学生活，使瓦特逐渐克服了孤僻，开始适应集体生活。

瓦特在13岁那年完成了小学学业，考进了格里诺克市威克尔街的文法学校。这是全市最好的中学，师资力量很强，校风也很好。学生大都来自富裕、有教养的家庭，遵守纪律，懂礼貌。在这所文法学校里，瓦特的聪明才智开始显露出来。他的学习成绩在班上名列前茅，尤其是数学，考试成绩常常是全班第一名。这大概受益于他家里墙上挂的那幅数学家纳皮尔的肖像画。瓦特从小耳濡目染，对数学产生了兴趣。老师们都非常喜欢瓦特。校长也对瓦特十分赏识，常对别人讲："这个孩子心灵手巧，头脑不凡，是个与众不同的学生，将来一定会成为杰出的人才！"

除了喜欢数学，瓦特对力学和天文学也有浓厚的兴趣。他涉猎了不少这方面的书籍，书中讲的许多力学知识，包括机械原理、动力、真空等，瓦特读了一遍又一遍，反复琢磨、思考。

瓦特家的南边有一个小丘陵，那里长满了榆树和山毛榉，风光秀丽，空气清新。瓦特天性好静，喜欢独自到树林里散步。漫步在林间，呼吸着新鲜空气，听着鸟鸣，感受着大自然的奇特和深邃，他常常会产生丰富的想象。而且瓦特有一个习惯，每次散步都要随身带一本书。登上小山坡,瓦特便躺在草坪上看书,这时,他感觉自己与蓝天、白云和书中的智慧完全融为一体。

海阔凭鱼跃,天高任鸟飞。书里讲的科学知识真奇妙哇!

瓦特日后能改良蒸汽机,跟他丰富的想象力和强烈的好奇心是分不开的。据说他小时候曾关注到水壶烧开水后,蒸汽顶起壶盖的现象,这一现象激发了他的探索精神。

关于"瓦特和水壶"的故事有好几个版本。无论哪一个版本都脍炙人口、耐人寻味。

"瓦特和水壶"的故事

在 12 岁那年的一天,瓦特去姨妈家做客,看见炉子上放着一个大水壶。水壶里的水烧开了,从壶盖的缝隙中溢出白色的蒸汽。壶盖被蒸汽"抬"起来,又落下去,发出轻微的咔嗒声。

瓦特立刻被吸引了。他一动不动地盯着壶盖,眼神中流露出好奇。

瓦特走过去,不停地掀开壶盖,往水壶里瞧,想窥探里面有什么奥秘。烧开的水冒着气泡,蒸汽就从那些气泡里冒出来,再蒸腾向上,扩散开来。接着,小家伙盖上壶盖,不让水壶里的"猛兽"跑出来。

水壶里不停地发出水沸腾的咕嘟声。

姨妈看见外甥的动作,哭笑不得。

瓦特并不理会姨妈。他拿起一把银调羹挡住壶口,壶口喷出的蒸汽在银调羹上逐渐凝成水滴,顺着银调羹滴下来。瓦特放下银调羹,又拿起一个茶杯挡住壶口。蒸汽喷进茶杯,凝结成水滴,缓缓地滑落到杯底。

瓦特煞有介事地数着:"一滴、两滴、三滴……"

姨妈实在忍不住了:"詹姆斯,我从来没有见过像你这样

闲得无聊的男孩儿!快去拿本书看或做些有用的事。你已经半个小时没说话了,只会打开壶盖再盖上,现在又拿银调羹和茶杯放在壶口折腾……"

瓦特似乎没有听见姨妈的唠叨,仍然盯着水壶出神。

"詹姆斯,你真是个'小呆瓜',瞪着水壶发呆有什么用啊?"姨妈生气了,大声呵斥道。

瓦特一言不发,依旧注视着喷着蒸汽的壶口。

姨妈无奈地摇摇头,转身去厨房了。过了一会儿,她回到炉子旁边,瓦特还在摆弄水壶,脸上露出若有所思的神情。

"我的小少爷,你还在发呆呀!"姨妈没好气地说。

这时,瓦特正用手里的银调羹堵住壶口喷出的蒸汽,银调羹在蒸汽的推动下有节奏地抖动着。瓦特惊奇地睁大了眼睛。

"姨妈,蒸汽的推动力真大呀!"瓦特终于开口说话了。

"哦,是呀,是呀!"

姨妈这才明白,自己的外甥并不是"小呆瓜"。原来,瓦特一直在观察蒸汽的作用,思考力学问题。他的好奇心和专注力,已经远远超过了跟他同龄的那些孩子。

姨妈把瓦特抱在怀里,感动地说:"詹姆斯,你将来一定会成为有出息的人!"

第一章 | 工匠的儿子

多年之后,姨妈的话成真了,瓦特真的成了改变世界的发明家!

"瓦特和水壶"的故事,在英国几乎家喻户晓,它成了启发孩子观察生活、积极思考的范例。

下面这幅插图,画的就是瓦特专注于水壶中的水沸腾的情景,其原图是一幅19世纪的著名油画。瓦特正一手托腮,一手按着壶盖,一副沉思的模样。不过画里的水壶放在茶桌上,站在瓦特身旁的也不是瓦特的姨妈,而是瓦特的母亲。这位气质高贵的夫人正用鼓励的眼神看着儿子。画里的瓦特穿着紧身外套、白色长袜和小皮鞋,这是当时富裕人家孩子的典型打扮。

　　由于"瓦特和水壶"的故事流传甚广,许多人以为瓦特当时就产生了改良蒸汽机的构想。不过,真实的历史可不会这么简单。

　　事实上,瓦特改良蒸汽机并不仅仅是因为儿时的灵感,更是吸收前人成果和他艰苦努力的结果,也符合时代的需求。

　　瓦特日后能改良蒸汽机,除了因为他具有强烈的好奇心和丰富的想象力,还与他在父亲的影响下从小就热爱做实验有关。

　　在课余时间,瓦特经常泡在后院的小工作台旁,制作自创的小玩意儿。他不满足于单纯的木工活,对金属器件也很感兴趣。父亲特地给他建了一个小熔炉,可以熔化金属,铸造各种小零件。在父亲的悉心指导下,瓦特学会了制作仪器的各种手艺,包括铸工、钳工、锻工等活计,掌握了成为一个机械师必备的技能。他曾浇铸过一枚自己设计的银币(这枚银币后来珍藏在瓦特纪念馆),还帮父亲制作过一些机器模型,父亲非常满意。工友们称赞说:"这孩子真是神童,仿佛任何材料到了他的手里,都能被制成有用的东西。"

　　瓦特最得心应手的是制作精巧的金属器件。他还学会了修理四分仪、小罗盘等仪器,这些在当时算高级仪器了。

第二章 | 学徒生涯
家遭变故

瓦特中学毕业之前，家庭意外遭遇了不幸。1753 年，瓦特 17 岁时，母亲不幸病故，年仅 52 岁。瓦特的母亲一共生了 8 个孩子，但只活下来 3 个，瓦特还有一个弟弟和一个妹妹。瓦特的母亲虽然出身贵族，却丝毫没有豪门小姐的娇气。她温柔贤淑、勤俭持家、相夫教子，是全家的福星，也是瓦特的启蒙老师和守护天使。

母亲的去世，对瓦特来说是莫大的打击。

"这个世界上最爱我的人永远离去了！"瓦特沉浸在巨大的悲痛中。

更不幸的是，母亲去世后，父亲的生意开始走下坡路，后来几乎到了破产的境地。瓦特的父亲从一个造船工起步，不辞辛劳，勤奋创业，后来发展到承包土建工程，开办造船厂，还与人合伙经营船队，发展海运业务，事业红火。但天有不测风云，父亲有一艘远洋帆船，在运货去美洲的途中，不幸遭遇风暴沉没，船上的人全部遇难。更不幸的是，瓦特的弟弟约翰也在这艘船上。爱子身亡，一艘远洋帆船也没有了，还要赔偿船上的货物损失和支付船员们的死亡抚恤金，沉痛的代价使父亲

受到毁灭性的打击。父亲不得不变卖家产以渡过难关。

这场家庭变故改变了瓦特的人生道路。

瓦特就读的中学是全市最好的中学,而且他品学兼优,如果不是家遭不幸,他将顺利步入大学,成为一个受过高等教育的学者或教授。不过,瓦特面对的也将是另一种人生,很可能不会与蒸汽机产生关联,因为当时从事蒸汽机相关工作的,大多是工匠。

面对家庭的困难,瓦特主动向父亲提出要出去拜师当学徒。这样既能减轻家庭的经济负担,也能学到一门谋生的手艺。

父亲支持瓦特的决定。

"儿子,你想学什么手艺呢?"他问瓦特。

"我想学制造和修理数学仪器。"

在当时的英国,数学仪器是指各种利用力学原理制造的精密机械与仪器,包括圆规等教学仪器、钟表、各种航海仪、望远镜和天文仪器等。这些仪器的制造和修理对工匠的技术水平要求很高,实际上这些工匠就是机械工程师。想要成为这类工匠,不仅需要具备熟练的动手能力,还必须懂得相关的科学理论知识。瓦特觉得,这个工作也许能兼顾自己的爱好和志向。

父亲很满意儿子的选择。

第二章 | 学徒生涯

"制造和修理数学仪器可不简单,你要好好学!"

于是,1754年夏天,18岁的瓦特只身来到格拉斯哥当学徒。这个城市对瓦特来说并不陌生,他14岁左右时因为偏头痛发作,母亲曾送他和弟弟来这里疗养过一段时间,就住在亲戚缪尔黑德家。那是一段值得怀念的时光。

缪尔黑德是大学的古代语言学教授,很有学问。他们全家人都很喜欢瓦特兄弟。每天晚上,瓦特都滔滔不绝地向大家讲述自编的稀奇古怪的故事,搞得大家都兴奋得睡不着觉。有意思的是,一讲起故事来,瓦特的头就不痛了。缪尔黑德打趣道,凭瓦特的想象力和口才,可以去当作家或演说家了。瓦特还在缪尔黑德家结识了一些大学生,他们诙谐有趣,充满活力,都把瓦特当小兄弟,和他讨论电学的新发明莱顿瓶,还有医学解剖等学术问题。瓦特一度对医学产生了兴趣。有一次,瓦特找来一只死老鼠,打算对其进行解剖,研究哺乳动物的内脏。幸亏缪尔黑德及时发现,瓦特才没有继续下去。

瓦特这次来格拉斯哥做学徒,还是住在缪尔黑德家。缪尔黑德对瓦特家的遭遇很同情,表示会尽可能地给予帮助。

当时的格拉斯哥还是一座古老、落后的城市。虽然它是航运和商贸的重镇,但是开化得较晚。整座城市除了教堂和格拉斯哥大学以外，几乎看不到像样点儿的建筑。街上只有酒馆，没有咖啡店、戏院，也没有图书馆和博物馆。当地也不出版报纸，居民每天看的报纸都是从伦敦运来的，内容都是一个星期以前的旧闻了。

格拉斯哥没有专门制造数学仪器的工厂，瓦特只能去一家挂着"眼镜商行"招牌的铺子当学徒。这家"眼镜商行"除了修理眼镜，还兼修简单的制图仪器，并为钢琴和管风琴调音，此外还卖一些鱼竿等钓具。

瓦特在这里学艺，多数时间都是在打杂儿，做的技术活并不多。

幸运的是，在亲戚缪尔黑德的介绍下，瓦特认识了格拉斯哥大学的迪克博士。迪克博士是格拉斯哥大学的自然哲学教授，学识渊博，德高望重。当时有一批数学仪器运到格拉斯哥大学，迪克博士让瓦特来学校里帮他进行装配。瓦特将任务完成得很好，迪克博士非常满意。他很赏识瓦特的聪明头脑和娴熟技能。

"你的本事是从哪里学的？"他问瓦特。

"我的父亲是一个非常能干的工匠。"瓦特自豪地说，"我的技术一半是父亲教我的，一半是我自学的。"

瓦特说起小时候父亲送自己工具和工作台的事，迪克博士

第二章 | 学徒生涯

听完很感动。瓦特对迪克博士也非常敬佩,两个人因此成了忘年交,形同师生。迪克博士经常让瓦特到他的实验室观摩他做实验,并给瓦特讲解一些科学推理的方法。瓦特从迪克博士那里学到了很多东西,他后来说:"在自然哲学的研究上,我从迪克博士那里学到了实验的科学方法。我今天之所以能够在发明界立足,完全是他的功劳。"

赴伦敦学艺

迪克博士告诉瓦特，要想成为一个优秀的机械师，应该去伦敦拜师学艺。

"那里聚集了全英国顶级的仪器制造商，还有一批精通科学仪器的优秀机械师。你若能拜他们为师，就能学到真正的技术。"迪克博士说。

"我能行吗？"

"能行，你悟性高、素质好。"迪克博士鼓励他。

"那我和父亲商量一下。"瓦特动心了。

"如果你要去，我能帮帮你。"迪克博士说，"我在伦敦有熟人，你去找一个叫詹姆斯·肖特的人，就说是迪克博士介绍来的。"

"哦，那太谢谢您啦！"瓦特喜出望外。

瓦特回到格里诺克，把这个打算告诉了父亲。

"迪克博士的提议很好。"父亲听了既高兴又犹豫，他迟疑了一下，说，"可是伦敦离格里诺克太远了，你这样贸然前往，并没有多大把握。"

"爸爸，我不怕路途遥远。我都19岁了，天涯海角我都

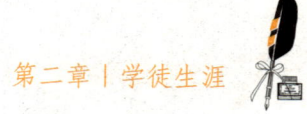

第二章 | 学徒生涯

敢闯。"瓦特的语气很坚定。

父亲的表情十分复杂。儿子若真能拜在名师门下学艺,当然是一个难得的机会。但是伦敦远在天边,儿子在那里无依无靠,迪克博士的话能信得过吗?

瓦特看出了父亲的担心,执着地说:"我相信迪克博士。去了伦敦,我一定能找到机会。"

"就算是这样,你考虑过没有,去伦敦学艺的吃、住、行等费用,也是一笔不小的开支。"

"这些我都可以自己解决。"瓦特态度坚决,"我知道家里的经济不宽裕,我会尽量节省开销,不用家里给我寄钱。"

父亲终于被儿子说服了,同意他前往伦敦。

1755年的夏天,19岁的瓦特背着行囊,动身南下。

伦敦位于英格兰东南部的平原,跨过泰晤士河,再往南就是英吉利海峡了。从格拉斯哥到伦敦路途遥远,两地相距约560千米,而且道路崎岖。当时还没有火车和汽车,出行只能乘坐马车或骑马。瓦特就是骑马去伦敦的。有传记说他买了一匹马当坐骑,也有资料记载他是跟着马帮走的。总之,瓦特一路颠簸,历尽坎坷,走了整整12天,才抵达他心驰神往的大都市伦敦。

瓦特站在伦敦街头,拎着行囊,举目四顾。

"哦,这就是伦敦哪!"他惊讶地感叹道。

瓦特曾在书里读到,伦敦以前发生过一场大火灾。1666年的那场大火,整整烧了四五天,有87座教堂和13000多栋房屋化为灰烬,众多市民流离失所。不过也有人说,正是那场大火把当时肆虐伦敦的鼠疫灭绝了。灾后的伦敦开始了重建工程,获得新生。据说为防止重蹈覆辙,国王下令,以后所有在伦敦建造的房屋一律使用石头和砖瓦作为建筑材料,不再采用木材。如今,这座"石头砌成的大都市"就赫然耸立在瓦特眼前。

身处闹市之中,瓦特感觉自己像一粒从北方飘来的沙子,孤零、渺小、无人理会。伦敦繁华得令人目不暇接。这里高楼林立,商铺鳞次栉比。大街上车水马龙,熙熙攘攘,载货的马车隆隆而过;体面的绅士坐在私家马车里,招摇过市,车夫扬着手里的马鞭,啪啪作响;一个撑着阳伞的贵妇人,牵着小狗悠然而行,有人向她投去艳羡的目光……

瓦特打开行囊,小心地掏出迪克博士的介绍信,信封上写着地址"斯特兰德街123号"。他一路打听,终于找到了这条位于闹市中的街道。

"请问,肖特大师住在这条街上吗?"他问一家店铺的年

轻店员。

"哦,小伙子,你是问肖特大师?他可是个大名鼎鼎的仪器制造商啊!"店员一头红发,说话粗声大气。

"是的,我找的就是这个肖特大师!"瓦特很兴奋,"我是来投奔他做徒弟的。"

"他就住在这条街上。能够做肖特大师的徒弟,你真幸运!"红头发店员打量着瓦特,语气中含有恭喜的意味。

瓦特谢过红头发店员,沿街找到123号,只见门楣上钉着一块金属牌,上面镌刻着"詹姆斯·肖特仪器制造商"的字样。

"请问,肖特大师在吗?"瓦特推开玻璃门,恭敬地问。

"你找肖特大师有什么事吗?"

一个看上去只有十四五岁,长了一张胖胖的皮球脸的少年迎上来。

"我是格拉斯哥大学的迪克博士介绍来的,想拜会肖特大师。"

"哦,你跟我来。"

少年带瓦特穿过一个车间模样的房间,房间里的工作台上摆满了精致的仪器,琳琅满目,金属配件熠熠闪光。几个正俯身检测仪器的工匠抬起头瞥了瓦特一眼。

第二章 | 学徒生涯

少年把瓦特引入一间装修豪华的屋子，屋子的四壁放满了图书，柜子里摆着各种仪器模型。一个两鬓灰白、嘴里叼着雪茄的老者从桌子后面抬起头。他神情和蔼，目光炯炯有神，透着智慧。

瓦特递上迪克博士的介绍信，恭敬地说："我从格拉斯哥来，是迪克博士介绍的，希望能拜肖特大师您为师。"

"我不是大师，只是一个仪器制造商而已。"肖特大师吐出一口青烟，呵呵地笑道。

他读罢迪克博士的信，让少年给瓦特沏了一杯茶，完全把他当客人对待。瓦特受宠若惊，心想拜师的事有希望了。

"迪克博士还好吧？"肖特大师问瓦特，"我们差不多有四五年没见面了。"

"挺好的。迪克博士说，我若能拜在您的门下学习手艺，一定会受益无穷。"

行规森严

不料,谈起拜师的事,肖特大师却不肯答应。

"这件事不好办。"他说。

"哦?"瓦特顿时傻了眼。

原来,当时伦敦的行规很严。根据仪器制造商公会的雇佣规定,瓦特不具备做肖特大师徒弟的资格。在当时的伦敦,外来户想进入一个专业技术行业并站稳脚跟是件非常不容易的事。而且按照中世纪遗留下来的陈规陋习,学徒拜师学艺满7年才能出师。在这7年里,学徒不仅要白给师傅干活儿,还要交一笔学艺费。

而且,仪器制造在当时属于高精尖领域,竞争很激烈。保守一点儿的师傅都不愿收徒弟,怕徒弟学成后会抢自己的饭碗。

"我千里迢迢来到伦敦,就是想拜您为师。"瓦特恳求肖特大师。

"小伙子,真的不行。"肖特大师脸上露出遗憾的表情。

"可是迪克博士告诉我,只要找到您,说是迪克博士介绍来的就行了。"瓦特拼命想抓住最后一根救命稻草。

"迪克博士说你头脑聪明、技术娴熟,是个搞数学仪器的

第二章 | 学徒生涯

人才。"肖特大师惋惜地说,"但迪克博士不知道,伦敦并不是学技术的天堂,而是行业恶性竞争的战场,稍有闪失就会跌入万劫不复的深渊……"

瓦特从肖特大师的商行告辞后,漫无目的地走在街上,心中感到很失落。

"嘿,小伙子,肖特大师收你做徒弟啦?"红头发店员远远地跟他打招呼。

瓦特摇摇头,沮丧地说:"没有。"

"为什么呀?"

"伦敦的行规森严,肖特大师也爱莫能助。"

"肖特大师在业界很有威望,又是好脾气,你多央求他一下,没准儿他能给你找条出路。"红头发店员给瓦特献计。

"真的?"瓦特问。

"你试试看!"

瓦特找了家小店住下,夜里辗转反侧,难以入睡。

第二天,瓦特再次登门拜访。

"哦,小伙子,又是你呀!"肖特大师的态度依然很和善。

瓦特特地买了一个雕花烟斗送给肖特大师。肖特大师喜欢抽雪茄,笑嘻嘻地把玩着烟斗,看上去心情不错。

"小伙子,你还挺有心的。"

"迪克博士说,您在仪器行业是大师级的人物,德高望重,人际关系很广,没有您解决不了的难题……"瓦特把昨晚想好的话背了一遍。

"你挺会给我戴高帽子呀!"肖特大师呵呵地笑起来。可见瓦特的恭维还是有用的。

"在伦敦的仪器界,我说话的确有点儿影响力。"他得意地说。

"肖特大师,您是业界领袖,能不能帮我想想办法?"瓦特不失时机地央求。他虔诚的态度终于打动了肖特大师。

"好吧,既然迪克博士这么赏识你,我就破例帮你一把。"肖特大师答应了,"伦敦有个叫约翰·摩根的仪器制造商,是我的朋友。你去找他。"

"太谢谢您啦!"瓦特起身行礼。

正可谓"精诚所至,金石为开"。几天后,在肖特大师的推荐下,瓦特幸运地见到了摩根。摩根是伦敦仪器制造界的大腕儿,技术水平一流,理论素养也很高,是学者型的高级机械师。3年前,他曾为西班牙国王制作了一台望远镜,收费竟高达1200英镑。这项大手笔的制作令他在业界名利双收。摩根

第二章｜学徒生涯

经营的数学仪器制造厂在伦敦算是规模较大的制造厂。由于摩根名气很大，他敢于无视仪器制造商公会中那些不合理的条规。

摩根身材魁梧，为人豪爽。第一次见面，他就对瓦特产生了好感。

"从格拉斯哥来的？苏格兰小子哟，会吹风笛吗？"

"我会吹风笛，还能给管风琴调音呢。"瓦特回答。

"肖特大师说，迪克博士夸奖你心灵手巧，果然是这样。"

"您过奖了。"瓦特拘谨地说。

"好吧，看在老朋友的情面上，我就收你为徒。"

"我一定勤奋努力，把最好的技术学到手。"瓦特感激涕零。

"你把最好的技术学到手，我不就失业了吗？"摩根大声笑道，"哈哈，跟你开玩笑的！"

"学徒期要7年吗？"瓦特担心学徒期太长。

"用不着，给我当徒弟，时间可长可短，这要看你的造化了。"摩根不拘一格。他收瓦特的学艺费也很优惠，每年只收20基尼。基尼是当时英国的货币，1基尼相当于1英镑5便士。

就这样，瓦特幸运地成为摩根的徒弟。

天道酬勤

摩根的店铺坐落在伦敦市中心广场附近,房间很宽敞,手下的工人也比肖特商行的多。摩根坐在店铺的最里面,店铺的墙上挂着有钟摆的闹钟,侧柜里摆满了各式各样的仪器。这些仪器大多是黄铜做的,看上去金晃晃的。

摩根俯身在工作台前,专注地制作精密的仪器配件。他一边操作,一边示范给瓦特看。瓦特一一默记在心。因为所有的仪器配件制作都是手工活,要求操作非常精确,所以瓦特全神贯注。

摩根的旁边是一些学成技艺的技工,其他工人再按正式工和徒弟们的身份、工龄依次而坐。瓦特是新来的,座位排在最外面。如果店里有客户来访,他还要充当门卫和接待员。

瓦特在摩根的店铺里一边干活儿,一边学手艺。他很勤快,也很辛苦,每天要干 10 个小时的活儿。但他不怕累、能吃苦,学习废寝忘食,所以进步很快。

起初,摩根让他做些黄铜尺子、圆规、量弧器之类简单的数学工具。瓦特埋头苦干,细心打磨,做出来的东西毫厘不差。摩根很满意,于是把更复杂的仪器交给他做。

两个月后的一天,摩根交给瓦特一张设计图。

"这是求积仪的图纸,你能不能做出来?"

求积仪是一种测定图形面积的精密仪器,使用时将仪器底部有小针的重物压于图纸上作为极点,然后将针尖沿着图形的轮廓线移动一周,在记数盘与测轮上读得数值,就能算出图形的面积。

"我能做。"瓦特信心满满地回答。

"那你试试看吧!"

瓦特废寝忘食,整整忙活了一个星期,终于按照图纸要求把求积仪做出来了。他神色疲惫,眼里布满血丝,心里却很兴奋。

"摩根师傅,求积仪我做出来了,请您检验!"

"哦,这么快?我瞧瞧!"

摩根接过这架铜质的新仪器,上下检查了一番,发现完全符合图纸的要求,不禁大喜。有个比瓦特早来学艺两年的徒弟,做出来的求积仪也不如瓦特做的精致、准确。

4个月后,摩根已经可以放心地交给瓦特制作诸如函数尺、经纬仪等高级仪器了。年底,瓦特用黄铜制作了一件法式接头的两脚规,被评为全行业最杰出的作品之一。他制作的函数尺也像艺术品一样完美。

摩根称赞说:"它们完全可以和市场上任何能工巧匠的作品媲美!"

瓦特能够取得这样的成绩,和他的刻苦勤奋是分不开的。在瓦特来伦敦的一年时间里,他只外出过两次。他不喜欢伦敦的喧闹和繁华,也没有时间去逛街。别的工匠、伙计休息时,都喜欢三五成群地外出游乐,而瓦特却从来没有休息时间,他把所有的时间都用来干活儿和学技术了。

瓦特对伦敦的花花世界敬而远之,还有一个原因,就是当时英国和法国正在为争夺海外殖民地而进行战争,英国政府为了补充兵力,颁布了强行征兵法。由于有政府作为后台,招募队有恃无恐,见人便抓。瓦特给父亲写信说:"现在被他们抓到的任何人,不管是在陆地上生活的'旱鸭子',还是熟悉水性的海员,都要被逼着去当海军。只有在伦敦城的辖区里,他们必须先把抓到的人送给市长审查,然后才能把那些不受保护的人带走。也就是说,被抓到的壮丁只有证明自己是学徒工或是可靠的商人,才有可能被放掉。假如我被他们抓到送去见市长的话,我还不敢承认自己是在伦敦城里工作的,因为没有取得市民身份的人,即使是在辖区里打短工,也是违法的。"

瓦特是从苏格兰来的外乡人,既不是伦敦市民,也不是公会的会员，完全不受法律的保护。天黑之后，招募队更加猖獗，就连伦敦警察也出面帮招募队抓人。一天夜里，全伦敦竟然被抓走了1000多名壮丁。人人都生活在恐惧之中，瓦特也在提心吊胆中度日。

所幸瓦特小心谨慎，足不出户，总算平安无事。

瓦特的学徒生涯非常清苦，他省吃俭用，尽可能地节省开支。瓦特每个星期只花8先令的伙食费，其他花销都节省了。他在给父亲的信里诙谐地说，如果再压缩开支，他的肠子只好"唱歌"了，也就是说要饥肠辘辘了。由于劳累过度、营养不良，瓦特的健康受到了很大的影响，他时常犯偏头痛，还得了风湿病。伦敦的雾霾更是令他感到窒息。瓦特期盼自己能够早日学成，尽快回到阳光普照的家乡和父亲的身边。

来伦敦一年之后，瓦特以惊人的速度掌握了制作数学仪器的全部技术，成了一个正式工人。1756年4月，瓦特给父亲写信道："我认为不管在什么地方，我都不愁没有饭吃，因为现在我已经能像大多数工匠那样出色地工作了，尽管我还不如他们熟练。"

这年夏天，瓦特告别了摩根，依依不舍地离开了那个让他学会了许多东西的地方，回到了家乡格里诺克。瓦特用节衣缩

第二章｜学徒生涯

食攒下的积蓄买了一本大部头工具书——《数学仪器的制造和使用》，作为今后工作的技术指南。剩下的钱除了留了一点儿路费，其他全部用来采购金属材料了。

20岁的瓦特雄心勃勃，准备回到格里诺克后，自己创业。

第三章 | 大学里的数学仪器制造所
初试牛刀

格里诺克阳光明媚,晴空万里。

"儿子,你回来啦!"年近花甲的父亲张开双臂,欢迎瓦特归来。

"爸爸,您的身体还好吧?"瓦特问候父亲。

"好,挺好的。"父亲说。

"我已经学会了一般数学仪器的制造技术,可以独立门户了。"瓦特兴奋地告诉父亲。

"这太好啦!多亏邻居和亲人们的帮忙,家里店铺的生意也有了起色。"父亲感到莫大的慰藉。

"咱们家可以重整旗鼓了。"

"好样儿的,儿子。"父亲抚着瓦特瘦削的肩膀,慈爱地说,"这段时间你真是累坏了,先在家里休养一阵吧。"

在父亲的劝告下,瓦特静下心来休养了一段时间。他常到海滨游泳、晒太阳,沐浴着克莱德湾的海风,畅想未来。远方一群海鸥在空中盘旋翻飞,湛蓝色的海面上,白色的船帆鼓满海风,像旌旗飘扬。

瓦特喃喃自语:"我要做一个像摩根那样技术精湛的数学

第三章 | 大学里的数学仪器制造所

仪器制造大师。"

这是他那时的梦想。

瓦特的身体恢复得很快。经过一段时间的休养和锻炼,他的皮肤晒得黝黑,偏头痛不常犯了,身体也变结实了。从名师那里学到了技术,又有了健康的身体,瓦特可以大展拳脚了。但是创业该从哪里起步,他一时还没拿定主意。

恰好这个时候,一个难得的机会向他招手了。

1756年10月,瓦特到格拉斯哥大学拜访迪克博士,一是报告自己已学成归来,二是向迪克博士致谢。

迪克博士见到阔别已久的瓦特,十分惊喜。

"好小子,这么快就出师啦,真是出类拔萃!"

"多亏了您的鼎力推荐。"瓦特向迪克博士鞠躬,表示感谢。

"哪里,哪里,这完全是靠你自己的努力。"迪克博士拍着瓦特的肩膀,开心地说,"你来得太巧了!格拉斯哥大学正好引进了一批精密的仪器,需要技师维修和调试。"

"真的吗?"瓦特一听,非常兴奋。格拉斯哥大学可是苏格兰的最高学府哇!

格拉斯哥大学创建于1451年,具有悠久的历史,是英国最古老的四所大学之一[①]。从中世纪开始,格拉斯哥大学就

[①]其他三所分别是牛津大学、剑桥大学和圣安德鲁斯大学。

是一所文学、医学、工学和社会科学并重的综合性大学，培养了许多杰出人物，如"经济学之父"亚当·斯密（1723—1790）、热力学绝对温标的创建者开尔文（1824—1907）、"电视之父"贝尔德（1888—1946）等。瓦特来到格拉斯哥大学的时候，亚当·斯密正担任哲学教授，并潜心撰写《道德情操论》。这位古典经济学的鼻祖，后来还担任过格拉斯哥大学的荣誉校长。格拉斯哥大学的建筑虽然有些陈旧，但看上去古朴庄严。在当时的英国学术界，这里是科学的前哨，正孕育着一股新生的伟大力量。

对瓦特来说，能够参加这批精密仪器的维修和调试工作，真是天赐良机。

迪克博士告诉瓦特，一个富商从牙买加向格拉斯哥大学捐赠了一批珍贵的天文仪器。这些仪器价值不菲，精度很高，格拉斯哥大学天文系的教授们如获至宝，非常珍惜。但是由于漫长的海运，这些仪器受损严重，有的配件还生了锈，不能正常使用。

"我很愿意参加仪器的维修和调试工作。"瓦特自告奋勇。

"如果让你一个人来干，能不能完成？"迪克博士问瓦特。

"我能行！"瓦特回答。

第三章 | 大学里的数学仪器制造所

于是,迪克博士向校方推荐,请瓦特负责这批仪器的拆卸、清洗和检修。

"瓦特这个年轻人刚出师,能行吗?"校方有点儿不放心。

"他可是伦敦大名鼎鼎的摩根的徒弟,名师出高徒嘛。"迪克博士笑着答道。于是,校方采纳了迪克博士的建议。

瓦特以极大的热情投入了这项工作。这是他出师后接的第一个大项目，对他的前途至关重要。迪克博士在学校的自然科学教学楼附近给瓦特找了一个工作室，方便他开展工作。

每天，瓦特小心地把这些天文仪器拆开，一件件地擦洗。有的配件被海水锈蚀了，无法修复，他就找来新配件装配。要是配件找不到，他就亲自动手制作。这期间，瓦特在伦敦学到的技艺帮了他的大忙。

由于天文系在格拉斯哥大学新设不久，学生们对这些天文仪器都很好奇，纷纷前来观看，有的教授也隔三岔五地来看一看。瓦特的工作室经常挤满了人。

瓦特虽然年轻，但手艺精湛，令师生们刮目相看。

"迪克博士推荐的技工，果然技艺高超。"

"听说他是摩根的徒弟。"

"啊，摩根，听说连西班牙国王都买他的账。"

"难怪！难怪！"

瓦特听见这些夸赞，只是淡淡一笑，继续埋头干活儿。小憩时，他就和这些师生聊天儿。师生们发觉，瓦特不仅掌握了娴熟的技术，而且很有学问，尤其是力学方面的理论知识，他几乎了如指掌。大家都很佩服他。瓦特在和他们的交往中，也

第三章｜大学里的数学仪器制造所

开阔了视野，增长了见识。

经过两个多月的苦战，瓦特成功地把这批精密的天文仪器全部修复完毕。校方验收完全合格，非常满意。格拉斯哥大学支付给瓦特 5 英镑的报酬，这在当时是一笔可观的收入。

更重要的是，20 岁的瓦特用实际行动证明了自己的价值。格拉斯哥大学认可了他是一个优秀的仪器技师。

贵人迪克相助

由于格拉斯哥大学没有另外的业务可做,瓦特完成这项工作后便回到了格里诺克。

瓦特对父亲说,他想开一家数学仪器制造所。这样一来,不仅所学的技术有用武之地,还能赚钱谋生。

"就在本地吗?爸爸支持你。"父亲表态说。

"格里诺克地方太小,业务不多。我想去格拉斯哥发展。"瓦特说出了自己的想法。

儿子要离开格里诺克,父亲有些不舍,但他明白,格拉斯哥的创业条件和商机肯定比格里诺克更好、更多,而且格拉斯哥大学人才荟萃,是公认的英国新兴技术中心,便同意了。

"好吧!开数学仪器制造所需要多少资金?"

"谢谢爸爸。资金方面我自己能解决,请您放心。"瓦特不想给家里增添负担。

接下来的日子,瓦特拼命打工赚钱,或是给人修理一些仪器,或是在码头做苦力。经过大半年的筹划和努力,他终于把开业所需的经费凑齐了。

1757年8月,踌躇满志的瓦特动身前往格拉斯哥。他先

第三章 大学里的数学仪器制造所

去格拉斯哥大学拜访了迪克博士。

"迪克博士,我打算在格拉斯哥开一家数学仪器制造所。"瓦特兴冲冲地向迪克博士报告。

"你自己做老板?恭喜!恭喜!"迪克博士祝贺他,又问道,"地址选好没有?"

"还没有。我想请您出个主意。"瓦特说。

迪克博士沉吟了一会儿,若有所思。突然,他双眼闪过一道亮光。

"索性就开在格拉斯哥大学里,怎么样?"

瓦特又惊又喜。自己的数学仪器制造所若是开在大学里,那不是"鲤鱼跃龙门"吗?在大学里做生意不仅信誉好,学校里的业务含金量也比较高,生意一定会红火。

"这能行吗?"瓦特半信半疑。

"我想能行,让我来想办法。"迪克博士说。

能得到迪克博士这样的贵人相助,瓦特感到三生有幸。

"太谢谢您啦,迪克博士!"他由衷地说。

瓦特要在格拉斯哥大学开数学仪器制造所的消息不胫而走。不料,这却引来一场轩然大波。

格拉斯哥和伦敦一样,中世纪封闭落后的行规仍然禁锢着各个行业。瓦特想在格拉斯哥大学开数学仪器制造所的打算遭到了格拉斯哥仪器制造商公会的阻挠。仪器制造商公会的权力很大，拿不到仪器制造商公会的执照，数学仪器制造所就不能营业。

那些凭一技之长谋生的仪器工匠，整日行走在恶性竞争的刀锋上，唯恐别人抢了自己的饭碗，所以也强烈反对。他们放出话："瓦特既不是格拉斯哥人，也没有在格拉斯哥做过学徒，根本没有资格在格拉斯哥开数学仪器制造所！"

一时间，反对的声音甚嚣尘上。有人甚至公开向瓦特示威，叫嚷道："滚出去，外来的入侵者！"

面对这种情况，瓦特有些动摇了，他不想给迪克博士添麻烦。迪克博士却毫不退缩，他安慰瓦特："让我想想办法。"

这是迪克博士的口头禅。只要他决定做的事，即使遇到麻烦，也总会有办法解决的。

迪克博士利用他的威望和影响，联合一些教授向格拉斯哥大学校方递交了一份报告，建议在校内设立一个数学仪器制造所，专门负责数学仪器的制作和修理。

迪克博士在报告中写道：

第三章｜大学里的数学仪器制造所

> 长久以来，格拉斯哥大学就缺少一个专业的数学仪器师，这给我们的教学实验带来了诸多不便。
>
> 我们知道，学问和技术，就像车的两个轮子，或鸟的两只翅膀。学问的真理凭技术得到验证，技术则因学问而进步。我们正迎来一个科技的新时代。在未来无可限量的科学应用上，需要优先考虑发展机械技术。这是不容置疑的。
>
> 鉴于此，特建议在学校里设立一个数学仪器制造所，专门负责数学仪器的制作和修理，并可以招收学徒、工人，培养这方面的人才。有一个从伦敦学艺回来的青年技师，名叫瓦特，我们确信，他是这个数学仪器制造所负责人的最佳人选。他的敬业精神和精湛技艺，从去年天文仪器的修复上就能清楚地看出来。他的人品和技术，可以说已经让他通过了考试。
>
> 我们郑重地提议，应当给瓦特先生一个"大学数学仪器制造师"的头衔，让他负责建立和经营这个数学仪器制造所。

由于迪克博士的理由很充分，校方采纳了他的建议。迪克博士用智慧帮助瓦特克服了阻碍。在当时的英国，格拉斯哥大学属于教会管理，大学本身具有一定的自主权，所以格拉斯哥仪器制造商公会的行规对格拉斯哥大学没有约束力。接着，迪克博士以格拉斯哥大学的名义,向教会提出设立数学仪器制造所的申请。教会批准了申请。

于是,瓦特的数学仪器制造所终于在格拉斯哥大学开设,学校正式给了他一个"大学数学仪器制造师"的头衔。这个头衔还挺管用,再也没有人来骚扰他了。因为这意味着瓦特成了格拉斯哥大学雇佣的人员,仪器制造商公会无权干涉。仪器制造商公会只能默认了,毕竟谁愿意同格拉斯哥的科学殿堂过不去呢?

在格拉斯哥大学开设数学仪器制造所,是瓦特人生的一个转折点。他的发明事业从此迈出了重要的第一步。

能工巧匠

瓦特的数学仪器制造所设立在校内老学院楼的角落。房间不大，布置也因陋就简，为的是省钱。因为瓦特不是格拉斯哥大学的正式员工，没有固定的工资，数学仪器制造所的开销还要他自己承担。

数学仪器制造所成立那天，与瓦特熟识的格拉斯哥大学师生们都来捧场，场面十分热闹。

瓦特既是数学仪器制造所的老板，又兼任制造师、技工和店员。实际上，整个数学仪器制造所只有他一个人经营。虽然辛苦，但瓦特干得很开心。

迪克博士和其他师生经常来瓦特的数学仪器制造所小聚。瓦特乐观、幽默，待人真诚厚道，大家都很喜欢他。他们经常围坐在工作台旁，热烈地讨论各种各样的学术问题，话题非常广泛，不仅涉及机械技术和自然科学，还包括历史学、语言学、哲学和文学等。

学生们很佩服瓦特拥有渊博的学识，瓦特有不懂的问题也经常向师生们请教。他因此结交了一些有机械天赋的学生和有学问的教授，其中包括和他年龄差不多大的大学三年级的学生

改变世界的巨人 | 瓦特

罗比森,以及比他大8岁的布莱克博士。那时,布莱克博士刚被格拉斯哥大学聘为化学教授,名气很大。他乐于助人、和蔼可亲,非常讨学生们的喜爱。还有一位安德森教授也非常赏识瓦特,跟他关系很好。

第三章 | 大学里的数学仪器制造所

不过,瓦特的数学仪器制造所开业一段时间后,业务并不是太好。数学仪器是很专业的设备,瓦特接到的订单没有那么多。虽然也常有人送仪器来修理,但瓦特收费较低,仅靠这一点儿收入,他难以维持生计。

瓦特不精于销售,他把一部分制作的仪器寄回格里诺克,让父亲的店铺代售。父亲尽全力帮助儿子,这使得瓦特的境况稍有好转。为了增加收入,瓦特还在数学仪器制造所里兼售地图、海图和一些文具。瓦特的伯父是一个勘测专家,他测绘的克莱德河地图精准实用,每张可以卖两个半先令。伯父也乐意让侄子增加点儿收入。

两年过去了,格拉斯哥大学校园里的草坪黄了又绿,绿了又黄。

1759年底的一天,瓦特望着窗外纷飞的大雪。雪花在空中飞舞,如梦似幻。他艰难地经营着自己的数学仪器制造所,仍然一个人在坚守。这片小天地承载着他的仪器制造梦,即使再困难,他也不愿打退堂鼓。

这时,忽然有人敲门。瓦特打开门,只见一位衣着光鲜靓丽、模样精明能干的绅士站在门外。绅士面带笑容地问:"请问,你是瓦特先生吧?"

"是的!欢迎,欢迎!"瓦特热情地将来访的绅士迎进屋。

这位绅士是一个成功的建筑商,名叫约翰·克莱格。他虽然对机械技术一窍不通,但颇有经商头脑,做生意赚了不少钱。克莱格从迪克博士那里听说,年轻的瓦特具有一流的技艺,但是不善于经营。数学仪器的技术含量高,又有格拉斯哥大学"数学仪器制造所"的招牌,如果有经商高手加盟,肯定能赚大钱。

克莱格慕名前来,和瓦特面谈了近一个小时。他听瓦特介绍了几种产品的性能、价位和销售情况。

"你这样不行。"克莱格直言道,"规模太小,赚不到什么钱。"

"先生有何高见?"瓦特问他。

"必须加大投入,形成规模效应,拓展销售业务。"克莱格毫不含糊地说。

"可是,那需要很多资金。"

"我愿意加盟和你一起干,怎么样?"

"我非常乐意。"瓦特求之不得。

克莱格当即决定投资,与瓦特合作。瓦特也与克莱格一见如故,并非常赞同他的经营理念。于是,克莱格和瓦特签订协议,双方各出108英镑,合伙制造、销售数学仪器。瓦特的制

第三章 | 大学里的数学仪器制造所

造所资产（有形资产和无形资产）折合 108 英镑，克莱格则直接出资 108 英镑。在分工上，瓦特负责技术和制造，克莱格负责原材料购买、业务联系和产品销售。同时二人约定瓦特每年的薪水为 35 英镑，所获得的利润由二人平分。

合伙经营开始后，业务发展很快，订单源源不断，瓦特简直像"打了个翻身仗"。有朋友打趣说，也许是上天被瓦特的执着感动了，所以派了一个能人来帮助他。不过这个能人一切以赚钱为前提，所以什么活儿都揽，什么订单都接，如测量用的水准仪、建筑工地的绞盘机，甚至牙医的手术器械等，由不得瓦特挑选。好在瓦特是个能工巧匠，这些活儿难不倒他，只是他一个人忙不过来了，于是他又雇了一个伙计和三个临时工。

4 年后，瓦特的数学仪器制造所发展成相当大的规模，于是，瓦特又在市区开了一家新店。当然，格拉斯哥大学里的数学仪器制造所，仍然照常营业。

与纽科门蒸汽机的机缘

1763年的一天,瓦特听说格拉斯哥大学物理系的标本室里有一台纽科门蒸汽机模型,他非常感兴趣,想去观摩一下。在18世纪60年代,凡是对机器感兴趣的人,都知道纽科门蒸汽机。

纽科门蒸汽机是英国工程师托马斯·纽科门于1712年发明的大气式蒸汽机,也是世界上第一台实用的蒸汽机,它被用于驱动独立的提水泵,抽干矿井里的水,从而使矿工们可以在矿井深处采煤。但纽科门蒸汽机的热效率很低,燃煤消耗量大,只能在煤价低廉的产煤区使用。在纽科门蒸汽机发明初期,安装它的矿区并不多;在1733年这项发明的专利权期满之后,使用它的地方才快速增多起来。

瓦特对纽科门蒸汽机非常感兴趣,因为这种蒸汽机的动力非同寻常。纽科门蒸汽机的汽缸活塞直径约30.48厘米,每分钟往复12次,功率为5.5马力。它就像一个大力神,能把矿井几十米处深的积水提上来。当时英国采矿全靠人力,技术落后,效率低下。相比而言,纽科门蒸汽机的威力简直是个奇迹!

敏锐的瓦特意识到,纽科门蒸汽机的潜力巨大。当时的英

第三章 | 大学里的数学仪器制造所

国已经完成利用焦炭炼铁的技术改良,这项新技术的采用,使煤的需求量大增。但是,单靠人力、畜力,难以满足排出矿井地下水的要求,因此,人们自然会进行"以火力提水"的探索和试验。社会上迫切需要对蒸汽机进行改良,英国政府也大力支持这方面的发明创造。受此鼓励,瓦特也很想探究蒸汽机的奥秘。

于是,瓦特兴奋地找到安德森教授:"安德森教授,听说格拉斯哥大学里有一台纽科门蒸汽机模型,我能观摩一下吗?"

"当然可以。"安德森教授回答,"不过,这台模型损坏严重,不能操作,已经送到伦敦的一家数学仪器店去修理了。"

"唉,真不凑巧。"

瓦特很失望,只好等这台模型运回来后再看了。据安德森教授说,那家数学仪器店的老板名叫希森,在伦敦算是有名气的机械师。

过了两个月,这台纽科门蒸汽机模型被送了回来。但是安德森教授发现,它仍然运转不了。看来希森老板并不了解蒸汽机的原理,不能胜任这项工作。

于是,安德森教授亲自把这台纽科门蒸汽机模型送到了瓦特的数学仪器制造所。

"哦,这就是纽科门蒸汽机模型啊!修好啦?"瓦特喜出望外。

"没有修好。"安德森教授苦笑着说,"希森老板也无可奈何。"

"啊,是吗?让我瞧瞧……"

瓦特搬起模型,小心地摆在工作台上,然后仔细端详。这是一台按比例缩小的模型,制作精巧,支架和横梁是实木的,锅炉只有水壶那么大。但是它的结构和纽科门蒸汽机实物完全一样,正所谓"麻雀虽小,五脏俱全"。

瓦特一边观察,一边琢磨。

这时,安德森教授问他:"你能让它恢复正常运转吗?"

听见这话,瓦特精神振奋。对他来说,这简直是天赐良机!他早就对纽科门蒸汽机感兴趣了。手头有这么一台模型,要比只看图纸资料或是远远地看一眼实物宝贵得多。

"我试试看,也许能行。"瓦特跃跃欲试。

"那这台模型就交给你了。"安德森教授拍了拍瓦特的肩膀,"我相信希森老板不是你的对手。"

"嘿嘿。"瓦特报以憨厚的微笑。

接下来的日子,瓦特翻阅了大量资料,了解蒸汽机的原理

第三章 | 大学里的数学仪器制造所

和有关知识,然后开始修理这台纽科门蒸汽机模型。他按照自己惯用的工作方式,把模型一一拆开,再仔细地观察各个配件的构造和操作方法,发现有损坏的配件就精心修好,再按照原样认真地装配起来。

"这下应该行了。"瓦特自言自语道。他点燃酒精炉,检验模型是否能正常运转。

不一会儿,锅炉里的水沸腾起来,产生了大量蒸汽,从而扭动活门。蒸汽进入小汽缸推动活塞,带动横梁上下运动,模型开始运转。

"太棒了,终于修好了!"瓦特大喜。

不过,还没等兴奋劲儿结束,瓦特突然发现活塞不动了,横梁也只是上下动了几下就停止了。这是怎么回事?瓦特又试了几次,但结果都一样,活塞总是运动一会儿就停下来。

瓦特把模型的各部分仔细检查了一遍,都完好无损,这说明模型的运转是没有问题的。问题出在哪里呢?是蒸汽的推动力不够,还是横梁太重?再不然就是汽缸的温度有问题,才导致推力消失得这么快?

瓦特出神地盯着工作台上的模型,苦思冥想。

童年时代对水壶痴迷的情景,仿佛又在他眼前浮现了——

"詹姆斯,你真是个'小呆瓜',瞪着水壶发呆有什么用啊?"那是姨妈的训斥声。

瓦特一言不发,仍然注视着喷着蒸汽的壶口。

"我的小少爷,你还在发呆呀!"姨妈又说。

瓦特用手里的银调羹堵住壶口喷出的蒸汽,银调羹在蒸汽的推动下有节奏地抖动着。瓦特惊奇地睁大了眼睛。

"姨妈,蒸汽的推动力真大呀!"瓦特终于开口说话了。

"哦,是呀,是呀!"姨妈方才明白,自己的外甥一直在观察蒸汽的作用,思考力学问题。

"詹姆斯,你将来一定会成为有出息的人!"

第三章 | 大学里的数学仪器制造所

姨妈的话,言犹在耳。

1764年7月,事业有成的瓦特结婚了,这时他28岁,新娘是他的表妹玛格丽特·米勒。婚后,瓦特搬出校园宿舍,小两口在格拉斯哥城郊盖了一栋小屋,开始了新生活。玛格丽特和瓦特青梅竹马,感情很好,结婚以后,她在生活上无微不至地照顾瓦特,不让他过分劳累。婚后不久,玛格丽特就怀孕了。为了让妻子和未来的孩子过上好日子,瓦特拼命赚钱。

此时,瓦特的人生面临重大的选择:是做一个体面的仪器制造商,还是做一个蒸汽机发明家?如果沿着稳定创收的道路走下去,他完全能成为一个富裕的仪器制造商,买下一座庄园,再养几个孩子。但那不是他的梦想。瓦特的梦想,正如他儿时的那番豪言壮语,要做一个像牛顿那样改变世界的人!

第四章 ｜ 投身蒸汽机的改良
先行者们

人类对蒸汽的认识和利用，经历了漫长的过程。早在公元1世纪，古希腊数学家、亚历山大港的希罗就发明了一种叫"汽转球"的蒸汽推动装置。希罗在他的著作中描述了这项发明：锅炉是一个密封的半球体，底部用木柴生火，蒸汽从两根管子通向架设在上面的金属球，球上有两根反方向的喷嘴，其产生的反作用力推动金属球旋转。希罗发明的"汽转球"，被公认是有文献记载以来的第一台蒸汽机。

文艺复兴时期，达·芬奇曾尝试设计一种利用蒸汽推动的大炮。达·芬奇不仅是一个艺术大师，也是一个伟大的发明家和军事工程师，在他留下的珍贵手稿中，包含了多种军事机械的设计，如机关枪、子母弹、军用降落伞等。其中有一幅大炮的设计图，就是用蒸汽做驱动力的。不过，达·芬奇并没有将这种设想付诸实践，毕竟他的许多奇思妙想都是超越时代的。

真正以工业生产为目的，把蒸汽用作动力的试验，是从近代开始的。

法国物理学家丹尼斯·帕潘，可以算是第一个用蒸汽作为动力的试验者。大约在1690年，他发明了第一台活塞式蒸汽

第四章 | 投身蒸汽机的改良

机模型。这台蒸汽机模型可以把热能转变为机械能。但是,帕潘未能制成实用的蒸汽机。

1698年,英国人托马斯·萨弗里发明了实用的无活塞式蒸汽泵,并申请了名为"矿工之友"的专利。萨弗里蒸汽泵的原理,是将一个蛋形容器先充满蒸汽,然后关闭进气阀,在容器外喷淋冷水,使容器内的蒸汽冷凝而形成真空。这时打开进水阀,矿井底的水受大气压力作用就会经进水管被吸入容器中;再关闭进水阀,重开进气阀,靠蒸汽压力将容器中的水经排水阀压出。待容器中的水被排空而充满蒸汽时,关闭进气阀和排水阀,重新喷水使蒸汽冷凝。如此反复循环,用两个蛋形容器交替工作,可连续排水。萨弗里把它称作"用火来提升水的机器"。这种机器在一些矿井里得到应用,"矿工之友"的名字被越来越多的人知晓。

起初,矿山的老板们对这种蒸汽泵都报以莫大的希望,后来才发现其存在致命的缺陷,无法推广。这是因为受当时材料和技术的限制,萨弗里蒸汽泵依靠真空的吸力汲水,汲水深度不能超过6米。为了从几十米深的矿井汲水,必须将提水机装在矿井深处,用较高的蒸汽压力才能将水压到地面上,这在当时无疑是既困难又危险的。而且,萨弗里蒸汽泵不够坚固,经受不住大量蒸汽的压力，常常破裂。

虽然萨弗里蒸汽泵没有推广开来，但是它的原理却启发了后来的研究者。

1705年，英国工程师托马斯·纽科门对萨弗里蒸汽泵进行改良，制造出了第一台真正可以用作动力的蒸汽机原型机。

纽科门幼年仅受过初等教育，年轻时当过铁匠。他同卡利合伙经营铁器，后来一起研制蒸汽机。纽科门的这台蒸汽机原型机综合了帕潘活塞式蒸汽机和萨弗里蒸汽泵的特点，采用活塞，并利用真空吸力汲水，效率得到了一定提高，并于1705年取得"冷凝进入活塞下部的蒸汽和把活塞与连杆连接以产生可变运动"的专利权。

此后，纽科门继续改良蒸汽机。经过7年的努力，他终于在1712年首次制成了实用的大气式蒸汽机——纽科门蒸汽机。

纽科门蒸汽机的结构比萨弗里蒸汽泵的结构复杂得多。它包括一个球形大锅炉、一间砖砌的机房，以及一根和重型泵杆相连的做上下往复运动的横梁。它的体积庞大，其主体部分是一个圆筒形的铁制汽缸，和锅炉顶部的开口相衔接。水被烧至沸腾时，汽缸里便充满了蒸汽，活塞受压提升，顶起横梁。横梁的另一端因此向下移动，从而在汽缸内形成真空环境，而大

第四章 | 投身蒸汽机的改良

气压强又迫使活塞下滑。由此往复运动，横梁另一端的吊绳就把井下的水提上来了。

纽科门蒸汽机是世界上第一台实用的蒸汽机，为后来蒸汽机的发展和完善奠定了基础。

作为开创者，纽科门取得的成就自然应受到充分的肯定，但是不得不承认，他的蒸汽机结构相当原始、粗糙。纽科门蒸汽机运转异常缓慢，总是发出大量的噪声，而且其用途也只限于矿井抽水。更糟糕的是，它简直像一只巨无霸"煤老虎"，使用它时不得不消耗大量的煤燃料，只有少数煤矿主才用得起。这些缺点大大限制了纽科门蒸汽机的推广。

找到纽科门蒸汽机的命门

纽科门蒸汽机究竟存在什么问题？它的热效率为什么这么低呢？

当时许多技术专家都在进行研究，希望探寻改良纽科门蒸汽机的方法，但都没有找到答案。

前面说到，瓦特在修理纽科门蒸汽机模型的过程中，也发现了纽科门蒸汽机的问题。他已经精心修复了模型，检查后发现各部分完好无损，但是点火试验时，活塞只运转了几个冲程就停了下来。每次尝试都是这样。

瓦特苦苦思索："这究竟是什么原因呢？"

他想，这很可能是纽科门蒸汽机本身存在的缺陷导致的。热力学专家说，纽科门蒸汽机的热效率很低，看来并非妄言。于是，瓦特萌生了改良它的想法。正是这个想法改变了瓦特的一生，也改变了世界。

瓦特查阅了大量资料，和纽科门蒸汽机模型进行对比研究。他发现模型在运转上并没有毛病，但是纽科门蒸汽机的工作原理存在一个很大的问题。

纽科门蒸汽机采用内凝喷嘴和自动阀装置，在汽缸里形成

第四章 ｜ 投身蒸汽机的改良

真空环境，再利用相当于大气压的蒸汽，带动泵杆一上一下地运动。模型的活塞每滑动一次，都伴随着大量的热量损耗。最初把蒸汽从锅炉传送到汽缸里，推动活塞向上滑动，为了不使蒸汽凝结，必须保持沸点，这需要大量的热量；当活塞被推到汽缸顶部时，内凝喷嘴喷射冷水，迅速降低汽缸内的温度，使蒸汽快速凝结，导致汽缸变成真空，迫使活塞下滑，从而完成一个冲程。下一个冲程开始，当蒸汽进入汽缸时，为了恢复汽缸内部的高温以推动活塞向上滑动，势必要损耗大量的热量；而待活塞被推到汽缸顶部时，内凝喷嘴又要喷射冷水以降低汽缸内的温度……如此往复，每一个冲程都要用冷水将汽缸冷却一次，从而消耗了大量的热量，这使绝大部分蒸汽没有被有效地利用。

瓦特认为，纽科门蒸汽机这种忽冷忽热仿佛"打摆子"的运转过程，完全是一种"病态"，热量因此被白白地消耗了！这就是纽科门蒸汽机热效率低的症结所在。许多人都知道纽科门蒸汽机的工作原理，但是没有一个人留意到这一点，而这恰恰是纽科门蒸汽机在设计上的致命缺陷。

瓦特茅塞顿开，他终于找到了纽科门蒸汽机的"命门"！

怪不得纽科门蒸汽机模型不能正常运转。这种纽科门蒸汽机——无论是缩小版的模型机,还是耗煤无度的原型机,都消耗了过多的热量。这是纽科门蒸汽机先天设计存在的问题。

瓦特把自己的发现告诉了安德森教授。

"哦,原来如此。"安德森教授大为震惊,他鼓励瓦特说,"这个发现太有价值了!你应该深入研究下去。"

"我正在想,能不能从设计上做些改良。"瓦特说。

"改良纽科门蒸汽机的设计?这个想法很大胆。"安德森教授沉吟道,"纽科门是铁匠出身,理论修养有些不足,你可以试试从理论上找根据。"

"谢谢教授的指点!"瓦特很感激。

从这一刻开始,瓦特立下雄心壮志,要制造出一种新型的高效蒸汽机。

新婚不久的瓦特全身心投入到研究和发明中。

瓦特很重视从理论上进行分析研究。他做了大量实验,测定水在不同压力下达到沸点时所需要的热量。瓦特计算出定量的水蒸发成蒸汽的体积,然后确定了在大气压力之下,蒸汽体积约为水的1800倍。

针对纽科门蒸汽机,瓦特算出活塞在上下滑动时所需的蒸汽的量,再将它和填满汽缸所需的蒸汽容积相比较,结果发

第四章｜投身蒸汽机的改良

现：实际进入汽缸的蒸汽的量，竟比汽缸的容积大了 4 倍多！这就意味着，纽科门蒸汽机浪费了约 3/4 的蒸汽。如果不浪费，蒸汽机的效率将更高。

纽科门蒸汽机是在萨弗里蒸汽泵的基础上发展而来的。无论是萨弗里的"矿工之友"，还是纽科门蒸汽机，它们的工作都离不开真空，一切都以产生真空环境的方式为转移。纽科门蒸汽机的致命缺陷，是形成真空的环境必须冷凝进入汽缸的蒸汽，蒸汽必须骤然冷却，但当机器的喷嘴喷出冷却水后，汽缸也会跟着冷却。

瓦特琢磨：有没有办法既可以产生真空环境，又不冷却汽缸呢？

一连几个月，瓦特的脑海里都盘旋着这个问题。他设计了一个又一个方案，但都未能奏效。仿佛是"鱼和熊掌不可兼得"，每次他都会陷入两难的困境：没有冷却就没有真空，没有真空就没有泵，也就没有蒸汽动力。

正当瓦特的研究处于关键时期，他又遇到一个意外的挫折——他的合伙人克莱格突然去世了。数学仪器制造所的担子全部落在了瓦特一人肩上，包括克莱格欠下的一笔不小的债务，也需要瓦特偿还。瓦特的经济状况变得很拮据。

但是，瓦特并没有放弃对蒸汽机的研究。

这年冬天特别寒冷。有一天，格拉斯哥漫天大雪，积雪非常厚，瓦特被堵在屋里出不了门。

"詹姆斯，你就不要去数学仪器制造所了。"玛格丽特劝他。

"不，那里的活儿不能停。"瓦特执意要去。

瓦特从窗户爬出去，然后踏着积雪，朝着大路的方向缓慢前行，在他的身后留下一串坚定的脚印。

瓦特的灵感

1765年的春天来了,格拉斯哥阳光明媚,鲜花遍野,远远望去,到处姹紫嫣红。

一个星期天的下午,瓦特独自去公园散步。按照教会规定,星期天严禁工作。瓦特离开工作台,穿着休闲装走上街头。他一面沉思,一面经过一家洗衣房,然后通过长街尽头的大门,走进公园。

公园里鸟语花香,绿树成荫,和煦的春风吹拂着绿草地与灌木丛。瓦特在林间漫步,呼吸着清新的空气,心情不觉舒畅了许多。但他心里仍想着蒸汽机的事,神情有些恍惚。

几个月过去了,瓦特一直没有找到改良纽科门蒸汽机的方法。纽科门蒸汽机的致命缺陷就像梦魇一般盘踞在他的脑海,挥之不去。竟然有3/4的蒸汽被白白地损耗了!纽科门本人有没有意识到这个问题呢?或许他意识到了,却无可奈何。纽科门蒸汽机的耗煤量这么惊人,它的主人竟然拿它没有办法!

人们三五成群地沿林间小路走来,大人们谈笑风生,孩子们嬉戏打闹。和瓦特擦肩而过时,两个男孩儿向他投来好奇的目光。其中大一点儿的孩子满脸雀斑,表情滑稽,怀里抱着一个大皮球;小一点儿的孩子胖嘟嘟的,手里拿着一个小皮球,走一步拍一下,玩得十分开心。

瓦特没有理会这两个孩子,他独自徘徊,沉思着。

无论是萨弗里蒸汽泵,还是纽科门蒸汽机,它们的工作原理都离不开真空。形成真空环境是让机器运转的关键,一切都以产生真空环境的方式为转移。而纽科门蒸汽机最大的问题,就是为了形成真空环境,必须使进入汽缸的蒸汽冷凝,每个冲程都要用冷水将汽缸冷却一次,从而损耗了大量的热量。

"一切都以产生真空环境的方式为转移。"瓦特念叨着这句话,若有所思。

"能不能换一种方式,让它既可以产生真空环境,又不冷却汽缸呢?"瓦特琢磨着。

"也许能,也许不能。"

"究竟能,还是不能?"

"应该能……"

他走过公园管理员住的小木屋,接着又走过一片池塘。蜜蜂在花丛中嗡嗡飞舞,周围则一片寂静。

瓦特在池塘边的一张长椅上坐下来,继续思考。

一群野鸭从池塘里扑棱着翅膀飞起来,传来一阵嘎嘎的叫

第四章 | 投身蒸汽机的改良

声。野鸭的叫声传进瓦特的耳朵，不禁让他想起纽科门蒸汽机那扑通扑通、吱嘎吱嘎的沉重的"喘息"。纽科门的那头"大笨牛"，干活儿的确太吃力了。

瓦特抬头仰望天空。天气晴朗，天空中飘着洁白的云彩，像一团团轻盈的棉絮。过了一会儿，云彩变幻成山脉的形状，大小山峰依稀可辨；又过了一会儿，云彩变幻成飞马的形状，马儿仿佛张开双翅，在天上奔腾、翱翔……

瓦特突然想到：蒸汽就像这云彩呀！它如变幻莫测的精灵，轻如鸿毛，却又力大无穷。它不仅能顶起水壶盖，掀动银调羹，还能推动汽缸里巨大的活塞。谁能降服这"大力士"，谁就能征服那桀骜不驯的蒸汽机。

这时，一个念头在他的脑海里闪现出来——既然纽科门蒸汽机的热效率低是蒸汽在汽缸内冷凝造成的，那么，能不能让蒸汽在汽缸外冷凝呢？

蒸汽就像云彩一样，它的形状可以不断变幻。它是一种气体，可以膨胀，因此，它能够充入任何一种可以形成真空的容器。那么，假设有这样一个附在蒸汽机的汽缸上的容器，会怎样呢？而且这个容器还配有可以喷淋冷水的喷嘴。

蒸汽会迅速充入那个容器，那里将会完成极其重要的冷却和冷凝过程。这是一个独立的容器，同时又与蒸汽机连成一体。

随着蒸汽冷凝，会有更多的蒸汽充入，接着又冷凝。于是，蒸汽不断地充入、冷凝，直到汽缸内所有的蒸汽都被吸收到冷凝器内。那么，这一切将给仍然处于热状态的汽缸内带来什么呢？真空！

瓦特的心情豁然开朗，脸上露出笑容，他终于想出了梦寐以求的"产生真空环境的新方式"！这个方式既可以产生真空环境，又不冷却汽缸！

瓦特欣喜若狂。他从长椅上起身，脚步腾空，一路小跑，迫不及待地要赶回家，把自己的设想画出来。他匆匆经过公园管理员的小木屋，穿过林间小路。

草坪上，刚才遇到的那两个男孩儿正在扔皮球，大人们在一旁吆喝助兴。

瓦特放慢了脚步。这时，一大一小两个皮球滚

第四章 | 投身蒸汽机的改良

了过来,在他脚前停住。瓦特弯腰捡起两个皮球。小皮球贴着大皮球,一蓝一红,宛若亲密的伙伴。

瓦特盯着小皮球,双眼闪亮。

"对了,就是它!"

如果把大皮球比作汽缸,小皮球就是冷凝器。它们连接在一起,但又各自独立。真是完美的组合!

"先生,这是我的皮球。"胖嘟嘟的小男孩儿打断了瓦特的遐想。

"哦,不好意思!"

瓦特把皮球还给两个男孩儿,向大人们打了声招呼,然后兴高采烈地一溜烟跑了。他的身影很快消失在公园的大门外。

独立的冷凝器

瓦特一口气跑回家,迫不及待地冲进了小房间。

"詹姆斯,你回来啦?"玛格丽特从厨房里探出头来。

瓦特无心回答,他从抽屉里拿出纸和笔,着魔似的趴在桌子上画起来。

"詹姆斯,今晚吃油炸鲑鱼!"玛格丽特提高了音量。

"嗯。"瓦特含糊地应了一声,头也不抬,继续在纸上涂画。他用粗线条勾勒出一个纽科门蒸汽机的示意图,又在旁边画了一个冷凝器。冷凝器呈圆筒形,尺寸比纽科门蒸汽机的汽缸小一些。然后,他画了一根粗线,把冷凝器和汽缸连接起来。瓦特盯着图纸,琢磨了一下,又添了一根粗线,把冷凝器和水箱连接起来……他嘟了嘟嘴唇,觉得不准确,又涂掉,重新画。瓦特翻来覆去,把图纸修改了很多次。最后,他点了点头,似乎对自己的设计表示肯定。这个设计既能使汽缸内产生真空,又能同时保持汽缸的热状态,还能解决去除冷却水的问题。

玛格丽特将油炸鲑鱼端上桌时,瓦特正在客厅里徘徊,满脸兴奋。

"詹姆斯,你捡到金蛋啦?这么高兴。"玛格丽特打趣

第四章 | 投身蒸汽机的改良

丈夫。

"嘿嘿,比金蛋还宝贵。"瓦特说。

"真的?"玛格丽特半信半疑。

"明天就知道了。"瓦特秘而不宣。他用叉子叉起一块炸鲑鱼放进嘴里,慢慢地咀嚼起来。

当晚,瓦特度过了一个不眠之夜。

次日清晨,天刚蒙蒙亮,瓦特就起身赶到数学仪器制造所。他在工作台前坐下,疯狂地工作起来。瓦特决定用最快的速度验证自己的设计。为了不浪费时间,他因陋就简,尽量使用现成的器材。他拆开一个大型注射器的黄铜圆筒,把它做成汽缸,活塞则用叠压的羊皮圆片制作。为了让汽缸保持热状态,瓦特在黄铜圆筒外包上用双层皮革制成的"蒸汽外套"。接着,他又找出一根细铁筒,把它锯短钻孔,按照自己的设计思路,制成一个独立的冷凝器。

瓦特用灵巧的双手把所有的配件连成一体,花了一天的工夫,一台小型蒸汽机成形了。与纽科门蒸汽机不同,它更像一个奇特的倒挂物:活塞在汽缸的底部,突出的活塞杆连着一个铁钩,试验用的重物吊在活塞杆的末端。

这个最初的冷凝器模型,其原理如图所示:

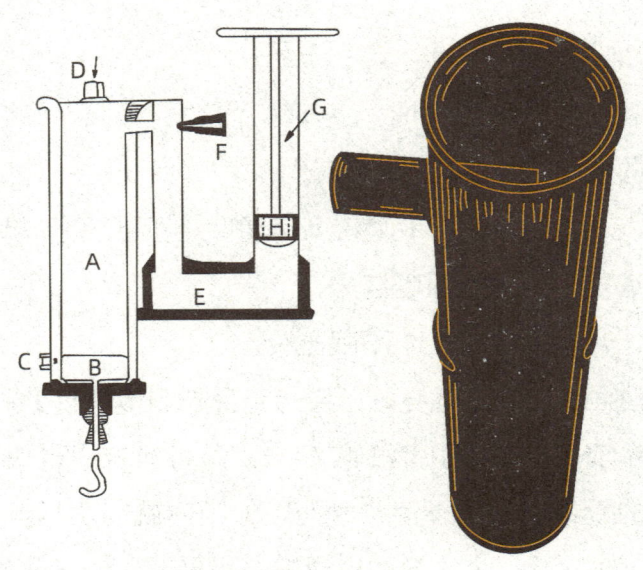

　　A是汽缸，B是活塞。活塞B的下面是一个用于吊东西的铁钩。C是冷凝后的水流出的洞口，D是蒸汽入口，通过一根管子连着锅炉。右边部分的E，就是最关键的冷凝器。

　　蒸汽从D进入汽缸A，汽缸A因而能够保持高温。这时，留存在汽缸A内的空气由冷凝器E上端的活门F排出去。待空气完全排出，再把水泵G的活塞H迅速往上拉。这样一来，冷凝器中就形成了真空环境，从而把汽缸内的蒸汽吸光并使之凝结，汽缸的上面就变成了真空。这时，汽缸的活塞B开始上升，吊钩上的重物就被提上来了。

第四章 | 投身蒸汽机的改良

待一切准备就绪，瓦特用一根管子接通一个烧开的大水壶的壶嘴（临时锅炉），蒸汽便咝咝地进入汽缸。不久，汽缸里原有的空气从冷凝器的活门排了出去。瓦特把活门关上，蒸汽进入冷凝器。他用水冷却冷凝器，同时把水泵的活塞迅速往上拉，涌进冷凝器的蒸汽迅速凝结，使冷凝器内形成了真空……

紧接着，令人振奋的事情发生了——悬挂在活塞杆下端铁钩上的重物动了起来。它被活塞杆牵引着向上移动，越来越靠近汽缸。与此同时，活塞杆也逐渐深入汽缸，这是由集结在活塞下面的蒸汽推动的。蒸汽在活塞表面形成了压力，将活塞朝真空的方向顶。在整个过程中，汽缸一直保持着高热状态，一直沸腾着，冒着蒸汽。

瓦特激动不已——他成功了！

晚上回到家，瓦特把试验成功的消息告诉了妻子。青年发明家喜悦且小心翼翼地抱着他的冷凝器，就像抱着一个刚出生的婴儿。

"夫人，这就是你说的'金蛋'！"

几天之后，年轻的罗比森教授来访。他就是当初瓦特结交的那个大学三年级的学生，后来和瓦特成了朋友，毕业后留在格拉斯哥大学任教。

罗比森刚从伦敦回来就急匆匆地来看望瓦特。他给瓦特带来不少关于纽科门蒸汽机的新闻,大多是这只"煤老虎"的负面消息。罗比森说,铁矿老板们对纽科门蒸汽机又爱又恨,爱它动力强劲,恨它耗煤量大……

罗比森登门时,瓦特正坐在壁炉旁埋头焊接一个铁匣子,他身旁是一块焊铁,正在火上加热。

罗比森在椅子上坐下,滔滔不绝地讲着。瓦特却只顾焊接放在膝盖上的铁匣子,没有反应。他专注地盯着火光,仿佛沉浸在遥远的想象之中。以往每次见到罗比森,瓦特都很亲热,唯独这次很反常。

罗比森觉得纳闷儿。终于,瓦特焊完了一个接头,把铁匣子放在地上,抬起头打断了罗比森的话。

"兄弟,关于蒸汽机的事,你不用再担心了。"瓦特说,"我正在制造一种新机器,它不会浪费一丁点儿蒸汽,热效率可能比纽科门蒸汽机高3～4倍!"

"真的?"罗比森眼里闪烁起亮光,他知道瓦特从来不说大话。

"有点儿眉目了。"

罗比森瞥了一眼地上的铁匣子:"哦,就是这家伙吧,它

第四章 | 投身蒸汽机的改良

和我见过的所有蒸汽泵都不一样！"接着，罗比森对瓦特的发明饶有兴趣地打听起来。

瓦特没有答话，他不声不响地把铁匣子放到桌子底下，脸上露出神秘的微笑。

罗比森明白了，瓦特打算一鼓作气完成他的发明，在取得决定性的成功之前，不愿过早披露若干细节。

"兄弟，衷心祝你成功！"

"说不定还需要你帮忙呢。"

"我随时恭候。"

在接下来的日子里，瓦特完全陷入了改良发明的狂热中。正如他对朋友说的："除了这台机器，我什么都不想。"

经过反复试验，瓦特制造了一个新的模型，汽缸直径约12.7厘米，冷凝器更精良了。按照设计，冷凝器与汽缸之间有一个调节阀门相连，使它们既能连通又能分开。这样，既能把做功后的蒸汽引入汽缸外的冷凝器，又可以使汽缸内产生真空，避免汽缸在一冷一热的过程中消耗热量。经过多次试验，瓦特发现，当汽缸活塞下降时，空气会随之进入汽缸，导致汽缸的温度降低。为了保持汽缸的高温状态，他在汽缸外面包了一个用双层皮革制成的"蒸汽外套"，同时又在活塞上面加了

改变世界的巨人 | 瓦特

一个严实的盖子,并改用蒸汽充入活塞周围来推动活塞,一改纽科门蒸汽机利用大气压推动活塞的做法。这样一来,他的机器就成了名副其实的"蒸汽机"。

用这个改良的、新的蒸汽机模型,瓦特提起了8千克重的东西!

不久,瓦特发明独立冷凝器的消息不胫而走。

有人向罗比森求证,罗比森回答说:"瓦特是个天才,他确实造出了一台完美无缺的蒸汽机,对此我毫不怀疑。"

第五章 | 发明家与实业家
陷入困境

设置独立于汽缸的冷凝器，是蒸汽机发明史上的一个重大突破。瓦特这时29岁，正处在一个发明家的黄金时段，他梦想着自己的蒸汽机能够推向市场，一鸣惊人，取代纽科门蒸汽机，并获得可观的经济回报。

据瓦特计算，这种新式蒸汽机的热效率是纽科门蒸汽机的3～4倍，从理论上说，这显然优于纽科门蒸汽机。但是，要把理论变为实际，把图纸上的蒸汽机变为实实在在的蒸汽机，还要走很长的路。

为了制造能够实际运转的蒸汽机，瓦特在一条街口的牛肉市场租了一间旧仓库当作厂房。购买设备、器材所需费用不菲，瓦特的资金匮乏。布莱克教授知道后，慷慨解囊，借给了他1000英镑。这在当时是一笔很大的款项，几乎是布莱克教授的全部积蓄。

"我一定会如数还给您的，布莱克教授。"瓦特感激地说。

"嘿嘿，只要不打水漂儿就不错了。"布莱克教授对发明的风险有所耳闻，当时欧洲因改良蒸汽机而破产的大有人在。

不料，布莱克教授的戏言竟然成真。瓦特的运气颇为不佳，

他选择的蒸汽机改良之路果然是一条布满荆棘、坎坷曲折的道路。奋斗了10年之后，瓦特才真正看到成功的曙光。但那是后话了。

瓦特辛辛苦苦造出了几台蒸汽机，本以为机器会热卖，结果却事与愿违，机器的效果反而不如纽科门蒸汽机。试制的耗资巨大，又没有买家上门，致使瓦特债台高筑。瓦特经营数学仪器制造所赚的钱都用光了，布莱克教授借给他的1000英镑也付诸东流！

瓦特尝到了做一个发明家的苦头——没有资金，没有市场，走投无路，连家人都养不起。

"亲爱的，我相信你一定会成功。"在最困难的时候，玛格丽特尽力安慰丈夫。

"玛格丽特，对不起，让你受苦了。"瓦特歉疚地握着妻子的手，"但是，我一定要造出实用的蒸汽机。"

瓦特没有在挫折面前却步，他继续进行试制研究。但是，制造蒸汽机需要一笔巨额资金，瓦特拿不出来，他时常面对着厂房里的废铁发呆。

任何发明想要走向市场都离不开资本的扶持和推动，要么有实业家的投资加盟，要么像爱迪生一样，发明家自己就是实

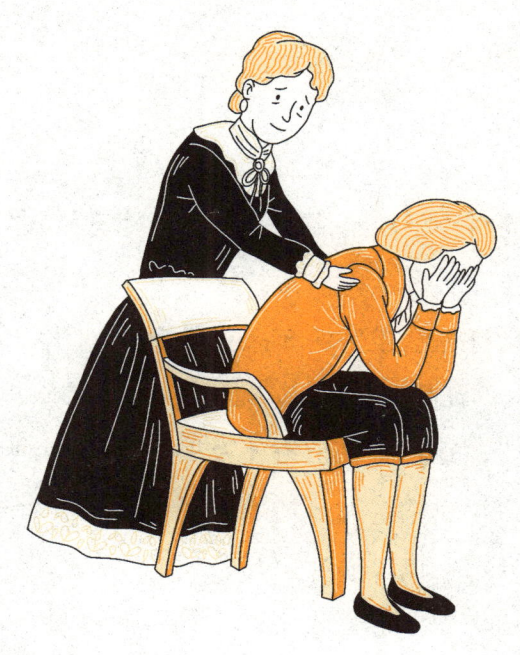

业家。瓦特没有爱迪生那么幸运,况且试制蒸汽机的花费巨大,不可能小打小闹起家。

有一天,布莱克教授来访。

"最近还好吗?"他听说瓦特陷入了困境。

"不好。"瓦特苦笑着回答,"您那1000英镑全打水漂儿了……"

"搞发明总会有风险的,就当交学费好啦!"布莱克教授安慰他。

瓦特无言以对,他觉得自己对不起布莱克教授,这"学费"

太昂贵了。

"可惜我的财力已经不济了。"布莱克教授说。

"您已经帮我够多了。"瓦特很愧疚。

"你会不会打退堂鼓?"布莱克教授问。

"我不会。"瓦特坚定地说,但看得出他的眼里透着无奈。

布莱克教授决定再帮这位青年发明家一把。他告诉瓦特,自己有一个财力雄厚的实业家朋友,名叫约翰·罗巴克,对蒸汽机的改良有兴趣。他可以介绍瓦特和罗巴克认识。

"我很愿意认识罗巴克先生。"瓦特面露喜色,仿佛看到了一线希望。

布莱克教授告诉瓦特,罗巴克因改良硫酸生产工艺而致富,转而经营富有风险性的开矿和炼铁业。罗巴克财大气粗,盛名在外,他的传奇经历几乎传遍了全英国。他在苏格兰爱丁堡附近的斯特林的卡伦河畔开办了卡伦钢铁厂,规模颇大。炼铁需要煤炭,他又在附近买下一处煤场。但是开采不久,铁矿和煤场的表层矿藏就被挖完了。要向深层开挖,就必须解决抽水问题。罗巴克因此很关注蒸汽机的改良。

这是一个很难得的机会。

"你不妨把发明设想寄给罗巴克,让自己的梦想去碰碰运

第五章 | 发明家与实业家

气。"布莱克教授说。

"谢谢您指点迷津!"瓦特很兴奋。

根据布莱克教授的建议,瓦特画了一幅自己设计的蒸汽机的详细图解,并附了一封言辞恳切的信,寄给了罗巴克。

瓦特满怀希望,等候回音。

合伙人罗巴克

但是，信和设计图寄出后，杳无音讯。

几个月过去了，瓦特一直没有收到罗巴克的回信。

也许因为罗巴克太忙了，无暇顾及一个名不见经传的年轻人的求助，这种信他几乎每天都能收到。也许因为来信人是一个破产的发明家，罗巴克对瓦特的设计方案缺乏信任。也许这两种情况都有。

瓦特的希望破灭了。

这个时候，为了养家糊口，瓦特不得不搁置蒸汽机的试验，做起了测量师。他包揽了一些测量工作，诸如陆地测量和城市地界测量。他的测量知识大多是从伯父那里学来的。他干得很称职，收入也增加了，可以补贴家用，使家境有了改善。不过，试制蒸汽机欠下的债务，他仍然无力偿还。

1767年，为了扩大航运，格拉斯哥政府决定开凿运河。瓦特被选中参加这项工程的勘测工作，并担任勘测组组长。勘测工作持续了大半年，瓦特不辞辛劳，干得很出色，在测量界声名鹊起。这个时候，他才引起罗巴克的注意。

"这位测量师——瓦特，就是格拉斯哥那个破产的蒸汽机

第五章 | 发明家与实业家

发明家吧？"罗巴克向布莱克教授打听。

"正是。"老朋友回答,"他是个发明天才,可惜没有资金支持。"

"你说说看,他的那个蒸汽机,究竟有没有市场前景?"罗巴克问。

"比纽科门蒸汽机至少先进10倍!"布莱克教授毫不含糊地说。

"啊,我差点儿错过了人才!"罗巴克后悔不迭。

于是,1767年底,瓦特寄出去的那封信终于有了回音。罗巴克寄来了一封正式函件,明确表示同意赞助瓦特进行新式蒸汽机的试制,并提出了与瓦特合作的具体条件。瓦特接到罗巴克的回信,喜出望外。他的蒸汽机终于遇到救星了!

瓦特毫不犹豫地和罗巴克签订了合作协议。按照协议条款,瓦特的1000英镑借款和申请专利的费用,以及此后的试制经费,全部由

罗巴克承担。但在取得专利后，2/3 的权益归罗巴克所有，1/3 归瓦特。

作为一个富有冒险精神的实业家，罗巴克把宝押在了瓦特蒸汽机的实用前景上。罗巴克性格粗犷，做事雷厉风行，说干就干。他很慷慨，舍得给瓦特投入大把的钱；他也很自信，相信自己的投资会带来双倍的回报。瓦特改良的蒸汽机一旦成功，便会使矿主们竞相购买，财源自然会滚滚而来。这位 50 岁的实业家，心甘情愿地成为瓦特的合伙人和财力后盾。但他没有估计到的是，瓦特蒸汽机的试制费投入将是一个无底洞。

得到资金支持的瓦特，重整旗鼓，再次披挂上阵。他花了一年时间改良他的模型机。在建造大型实体机器时，他把地址选在了罗巴克的卡伦钢铁厂附近的工厂。工厂在一个山谷里，环境僻静，不容易被发现，很适合搞蒸汽机的试制。他把机器和家都搬到了这里，准备卧薪尝胆，背水一战。

瓦特招聘了许多技师和工人，他们夜以继日地奋斗在工厂里。制造蒸汽机用的材料大部分从卡伦钢铁厂运来，在试制过程中，问题不断出现。最初是卡伦钢铁厂造的汽缸漏气，根本不能用，只好另行制造。汽缸漏气的问题解决了，瓦特又发现活塞的气密性不好，还有冷凝器的接口位置也不对。瓦特和助

第五章｜发明家与实业家

手们反复调试，克服了材料和工艺等诸多方面的困难。

经过约6个月的时间，瓦特终于完成了试验，制成了一台带独立冷凝器的新式蒸汽机样机。这台样机的汽缸直径约63.5厘米，是模型机的5倍，已经是实用型蒸汽机了。

某天，瓦特当着罗巴克和几个客人的面演示了这台样机的运转。罗巴克围着样机转了一圈，满意地点头。

"这个家伙果然不同凡响！"他赞叹道。

1768年8月，瓦特亲自前往伦敦，提交了改良蒸汽机的专利申请。但因为费用高昂等问题，申请一直被搁置。

1769年初，瓦特蒸汽机的专利终于被批准下来，专利期15年。此时的瓦特33岁，从他开始研究纽科门蒸汽机模型到现在，已经过去了整整5年。

瓦特蒸汽机的独立冷凝器位于汽缸下方，用阀门与汽缸相连。它同纽科门蒸汽机一样，仍然采用横梁和拉杆结构来驱动提水泵。活塞由横梁杠杆另一端的配重拉升到顶部后，平衡阀关闭，进气阀打开，将蒸汽引入汽缸上端，同时排气阀开启，使活塞下方汽缸部分和冷凝器接通，形成真空，活塞受压下降，从而拉起提水泵的拉杆。活塞被压到下端后，关闭进气阀和排气阀，同时打开平衡阀，连通汽缸的上下端，配重再次拉起活

第五章 | 发明家与实业家

塞,如此循环做功提水。为了从冷凝器中抽除凝结水和空气,瓦特装配了抽气泵。他还在汽缸外壁装了夹层,用蒸汽加热汽缸壁,以减少冷凝损失。

瓦特蒸汽机的每一个配件和细节都不马虎,也正因如此,制造的难度非常大。事实上,罗巴克的工厂是炼铁厂,机械制造水平低,并不具备生产像蒸汽机这样先进、精良机器的条件,工厂生产的一些主要配件仅勉强符合设计要求。

第一台带独立冷凝器的蒸汽机试制出来,瓦特本以为大功告成。

但是,他高兴得太早了。经过矿山的试用发现,卡伦钢铁厂造出的这台瓦特蒸汽机的效果并不理想,它同纽科门蒸汽机相比,除了热效率有明显提高外,动力并未得到明显的改善,而且经常出故障。这意味着瓦特蒸汽机还是无法作为真正的动力机使用。

瓦特造出了新式蒸汽机,但是没有人来购买。

罗巴克的资金投入已到极限,他的铁矿和煤场因为解决不了深井抽水问题也停产了。罗巴克濒临破产,无力继续资助瓦特进行试验。

实业家博尔顿

瓦特第二次跌入人生的低谷，他彻底绝望了。

在写给布莱克教授的信里，瓦特诉说着自己的痛苦。布莱克教授在回信中用莎士比亚的话劝慰他："千万人的失败，都是失败在做事不彻底；往往做到离成功尚差一步就终止不做了。""明智的人绝不会坐下来为失败而哀号，他们一定会乐观地寻找办法来加以挽救。"

布莱克教授的信给了瓦特很大的鼓励。青年发明家重新振作起来。

但是瓦特首先要解决生计问题，他要养活自己、妻子和两个孩子。自从蒸汽机试制停工后，瓦特变得一贫如洗。虽然他和罗巴克的合伙合同仍然有效，但已是一纸空文。瓦特向罗巴克提出自己想回到格拉斯哥去，继续搞他的运河测量。罗巴克无奈地同意了。

于是，瓦特携家带口离开了。玛格丽特跟着丈夫辗转奔劳，无怨无悔。没过多久，瓦特应聘并担任了运河工程师的职务，年薪 100 英镑，至少可以养家糊口了。

这里我们有必要提及一个在瓦特改良蒸汽机的过程中非常

第五章 | 发明家与实业家

重要的人物——马修·博尔顿。瓦特首次见到博尔顿是在罗巴克的住宅里。当时博尔顿来拜会罗巴克,罗巴克带他参观了瓦特的试验工厂。

博尔顿是个精明持重的实业家,还不到50岁,但看上去比实际年龄要大些。他待人亲切,说话文雅,颇有谦谦君子风度。他对瓦特的印象很好。

"你的这种新式蒸汽机,真的能超过纽科门蒸汽机吗?"博尔顿对瓦特的发明表现出浓厚的兴趣。

"要造出来才知道。"瓦特回答得很低调。

"你等着瞧吧。"罗巴克向博尔顿炫耀,"到时候全英国的矿主都会来这里,采购我们工厂制造的瓦特蒸汽机!"

博尔顿脸上露出复杂的表情,有赞许,也有些许妒忌。他对罗巴克开玩笑道:"真可惜我没有先发现瓦特先生。"

后来,博尔顿对瓦特发出了邀请,希望瓦特有朝一日可以造访索霍,并参观自己的工厂。

瓦特确实应邀了。1768年,瓦特从伦敦返程路过伯明翰时,就顺道拜访了博尔顿。伯明翰是仅次于伦敦的英国第二大城市,位于英格兰中部,在伦敦至利物浦之间。当时的伯明翰也是英国的机械工业中心,被誉为"欧洲的大装饰品店"。博尔顿的

工厂在伯明翰北郊的索霍,规模很大,主要生产各种金银首饰和工艺制品。其中,博尔顿工厂生产的钟表尤其精美,颇受英国上流社会的欢迎。瓦特看到博尔顿工厂的设备非常精密,比罗巴克工厂先进得多,不禁在心中称叹。

如今,博尔顿听闻瓦特遭遇了挫折,很关心他的近况,并邀请他再次来索霍。

第五章｜发明家与实业家

"听说你的蒸汽机试制搁浅了？"他同情地问。

"是的。"瓦特回答。

博尔顿还记得当年拜访罗巴克时的情景。如今时过境迁，罗巴克遭遇了商战"滑铁卢"，发明家瓦特成了"丧家之犬"，他的新式蒸汽机被尘封在卡伦钢铁厂附近的工厂里……博尔顿感到这是一个大好的机会。

和罗巴克相比，博尔顿属于另一种类型的实业家。他实力雄厚，但行事低调，并不张扬，而一旦确定了目标，他就会紧追不舍。他很看好瓦特蒸汽机，相信它在正在孕育的产业革命中会前途无量。

博尔顿表示，他对瓦特的创新精神非常赞赏，并愿意赞助瓦特。

"我想，你现在最需要的是新的赞助，这样才能把试制继续进行下去。"博尔顿说得很诚恳，"我愿意帮这个忙。"

瓦特听到此话激动不已，仿佛在黑夜尽头见到了光明。

"非常感谢您的好意。"他从喉咙里蹦出这句话。

"当然，我是要回报的。"博尔顿坦率地说，"毋庸置疑，任何投资者都想赚钱，区别只在于赚多赚少。但我可以保证，我会让你的蒸汽机试制继续进行下去，直到大功告成。"

这一刻,瓦特陷入了激烈的思想斗争:一方面,他很想接受博尔顿的赞助,因为他的新式蒸汽机倾注了他的全部心血,却被扔在卡伦钢铁厂附近的工厂里,至今"半死不活"。罗巴克自顾不暇,拿不出钱来继续支持他,而现在如果可以同博尔顿这样实力雄厚的实业家合作,就能够确保自己的蒸汽机恢复试制,"起死回生"。但另一方面,罗巴克为了支持新式蒸汽机的试制,几乎倾家荡产,瓦特不愿损害罗巴克的权益,他不是忘恩负义之人。

瓦特犹豫了片刻,回答道:"这件事,我一个人做不了主。我和罗巴克先生还有合约……"

"罗巴克先生已经自身难保,如果他选择放弃,应是明智之举。"精明的博尔顿暗示瓦特,最好让罗巴克退出。

绝处逢生

瓦特告别了博尔顿,回到了格拉斯哥。他感到热血奔涌,十分兴奋,于是给罗巴克写了一封信,述说了在索霍会见博尔顿的情景。瓦特在信中征求罗巴克的意见:"我们是否可以和博尔顿先生合作?"信寄出后,瓦特忐忑不安。他非常希望罗巴克支持自己的想法,但又没有把握。

罗巴克很快寄来回信。这位"走麦城"的合伙人在信中大度地对瓦特的想法表示支持。

"博尔顿是我的老朋友,资金充足,能得到他的赞助,蒸汽机的试制就可以继续进行了。"

罗巴克提醒瓦特,博尔顿财力雄厚,但人很精明,是不会白投资的。这一点博尔顿已向瓦特交过底。瓦特要想得到博尔顿的资助,就要分出股份给他。至于股份如何分,罗巴克和自己的权益如何保障,瓦特在信中和罗巴克进行了具体的商量。

几天之后,瓦特正式致函博尔顿,表示非常愿意和博尔顿合作,并提出双方合作的条件——博尔顿为瓦特蒸汽机的继续试制提供资金赞助,并获得2/3的专利权益;瓦特本人和罗巴克共享1/3的专利权益。

平心而论，这个条件对博尔顿是相当优惠的。瓦特让出自己原有的部分权益与罗巴克共享，表明他既希望和博尔顿合作，实现自己的梦想，又不愿违背做人的厚道和真诚，弃罗巴克于不顾。

但是，博尔顿拒绝了这个方案。老谋深算的博尔顿回信表示，他的合作计划不是在原地修修补补，而是要另起炉灶，大干一场。他的回信如下：

> 亲爱的瓦特先生，我敢断言您在此刻已经完全得出了结论，即我是一个非常古怪的人，因为我迄今尚未回复过您于10月20日和12月12日写来的两封友好的信。您向我提出的这项计划同当时我与您谈论这一问题时所设想的截然不同，因此，我认为那不是一项需要由我参与的正确计划，我也不想为此去折腾技师。我之所以高兴地向您提供我的援助，是出于这样两个动机，那就是对您的敬仰和对这项既可盈利又新颖独到的计划的热爱。我想，您如果要制造出精良的蒸汽机，就需要资金，需要非常精细的工艺，如果要保持这项发明的声誉，就不能把制作工作交给大量普通的技师，因为他们的理论知识不足，也缺乏经验，很可能会造出一些工艺很差且尺寸不准确的产品来。

第五章 发明家与实业家

> 为了弥补这方面的缺点并谋取最大的利益，我的想法是在我们的运河旁边靠近我的工厂的地方建设一座制造厂，我将为蒸汽机的试制提供一切必要的便利条件。我们将通过这家制造厂向全世界提供各种规范的蒸汽机。我们可以雇佣和指导一些优秀的技师，以便使这项发明的制造成本能比其他的办法低20%，此外也能保证产品的精确度。对我来说，仅仅为三个郡去生产蒸汽机是不值得的，但如果为全世界去生产，那却是非常值得的。
>
> 我之所以向您提示这一点，是出于这样一种想法，也就是您需要有一个"助产士"来帮您减轻负担，并且把您的"孩子"介绍给全世界。
>
> 虽然在我们合伙做蒸汽机生意这件事上似乎存在着某些反对意见，但我仍然希望我们可以想出某种方案，以使我们能够在这一领域进行合作，这对我来说比像现在这样有一个"邻居"要愉快得多。

有传记作家评论说，博尔顿的这封信是一份绝佳的商业投资计划书，它清楚地表述了发明家和实业家合伙的条件和共同的商业利益。博尔顿重视产品质量和市场的理念以及他营销的

改变世界的巨人 | 瓦特

雄才大略,都在信中表露无遗。他把自己的角色定位为瓦特蒸汽机的"助产士",这个比喻也非常贴切。

但是博尔顿有一个苛刻的条件,就是罗巴克必须出局。这一点,瓦特一时接受不了,罗巴克也不同意。

于是,与博尔顿合伙的事,只好搁置下来。

瓦特继续奔走在苏格兰各地,参与河道的勘测和工程施工的监工。从1770年到1772年,他参与了几项工程的测量,包括克莱德河的河道疏浚工程、艾尔河的港湾工程,还有格拉斯哥和格里诺克的几个船坞的修建工程。虽然工作艰辛,但收入得到了保障。身为工程师的瓦特工作尽心尽力,吃苦耐劳,任务完成得很出色。他负责的工程质量高、工期短、成本低,在工程界颇受好评。

两年的时光在奔忙中逝去了,瓦特的蒸汽机梦变成了一个遥远的梦,往事如烟。他偶尔有事到斯特林时,会悄悄到卡伦钢铁厂附近转一圈。工厂早已变成废墟,院子里长满了野草,耗尽他心血的那台蒸汽机样机依然静静地立在屋角,横梁上挂满了蜘蛛网。见此情景,瓦特潸然泪下。

这时,英国发生了经济危机,银行的资金链断裂,许多工厂接连倒闭。瓦特在给博尔顿的信中说:"罗巴克先生命运多

舛，现已焦头烂额，债台高筑。我悲伤地看到，他的命运因我而悬于一线……"

的确，试制新式蒸汽机耗尽了瓦特的全部资产，也拖垮了罗巴克。瓦特在这些试验里花掉的钱，实际已超过了他在机器中享有的那部分价值。在另一封信中，瓦特这样说道："博尔顿先生原先的建议看来是对的，如果按照他的建议去做，结果可能会是另外一个样子。"

1773年，罗巴克宣布破产，债主们纷纷找上门讨债。罗巴克提出用瓦特蒸汽机的专利和实物抵债，但债主们都不同意。在他们看来，搁置在卡伦钢铁厂附近工厂里的那台蒸汽机样机完全是堆废铁，瓦特的专利更是一文不值。

这时，独具慧眼的博尔顿出面了，他以较低的价格买下了那台蒸汽机样机，并表示愿意接收瓦特蒸汽机的专利权，帮助罗巴克还清债务。债主们都很感谢博尔顿，瓦特和博尔顿合作的障碍也被清除了。

几个月后，博尔顿和瓦特商谈好了合作协议。博尔顿以偿还罗巴克的全部债务作为条件，换取该项专利的2/3权益。瓦特保留专利的1/3权益。

罗巴克破产，博尔顿接手，瓦特的发明事业因此绝处逢生。

第六章 | 走向市场

移师伯明翰

瓦特还有些工程的善后工作要完成，他加班加点，希望早日脱身，重新开始蒸汽机的试制工作。

1773年9月，瓦特正在苏格兰高地的一条渠道上进行勘测收尾工作，突然接到妻子玛格丽特病危的消息。瓦特冒着暴风骤雨，连夜骑马赶回格拉斯哥。但当他赶到家时，玛格丽特已经去世。玛格丽特是难产死的，连同腹中的胎儿，都没有抢救过来。

瓦特悲恸欲绝。温柔体贴、贤淑文静的妻子就这样撒手人寰，对瓦特而言，简直是巨大的打击。

最让瓦特内疚的是，自从结婚以来，玛格丽特几乎没有享过一天福。一个穷发明家的妻子，追随着丈夫，历尽试验失败、破产的痛苦，却无怨无悔。在瓦特最难熬的岁月，是玛格丽特给予他安慰和鼓励。

"亲爱的，我相信你设计的机器是最好的，你一定能成功。"

"如果蒸汽机搞不成，你还可以搞其他的，千万不要绝望。"

如今瓦特将重返试制蒸汽机的"战场"，玛格丽特却永远看不到了……

改变世界的巨人 | 瓦特

瓦特痛失贤妻,很长时间都恢复不过来。

但是人死不能复生,只有完成蒸汽机的试制,才是对亡妻最大的慰藉。在亲友们的安慰下,瓦特渐渐地重新振作起来。

1774年春天,瓦特完成了渠道勘测的收尾工作,然后他赶到卡伦钢铁厂附近的工厂,和博尔顿派来的工人们一起将蒸汽机样机小心地拆开,把汽缸、水泵、冷凝器和其他配件一件件严密包装好,转运到伯明翰的索霍,再重新装配。博尔顿手

第六章 | 走向市场

下的工人都很优秀,组装工作进行得很顺利。

博尔顿为瓦特准备了一套房子,让他把两个孩子也接过来。

"索霍就是你的家。"博尔顿温情地说。

"谢谢您周到的安排。"瓦特很感动。

"索霍也是争夺蒸汽机制高点的战场。"博尔顿气度不凡地说,"咱们一定要打个翻身仗!"

瓦特给父亲写信道:"我在伯明翰的工作很顺利。博尔顿和罗巴克不同,他更理解我的工作,更懂我的机器。"

于是,博尔顿和瓦特在索霍成立了博尔顿-瓦特公司,研制开发新式蒸汽机。索霍制造厂就是他们的大本营。

瓦特仔细分析样机存在的问题,寻找改良的突破口,他发现卡伦钢铁厂制造的汽缸工艺不过关是个很大的弊病。缸体口起初被制成了椭圆形,因此工人们不得不用木模胎靠手工锤击来修正它,这是造成汽缸漏气的主要原因。

"在索霍,有没有办法解决汽缸的制造工艺问题?"他问博尔顿。

博尔顿告诉瓦特,伯明翰附近有一家机械制造厂,新装了几台大型钻床和镗床,可以加工金属圆形缸体。这家机械制造厂的老板名叫约翰·威尔金森,是全英国最优秀的机械制造商之一。

瓦特听后非常兴奋："这真是天助我们！"

瓦特和博尔顿立即去往威尔金森机械制造厂，委托定制了一个直径约 45.72 厘米、壁厚约 2.54 厘米的新汽缸。不久，新汽缸制造出来了，完全符合瓦特的设计要求。瓦特用新汽缸重新组装了一台瓦特蒸汽机，经过试验，这台蒸汽机的效能比原来的样机有明显提高。

瓦特怀着激动的心情，写信向父亲报告："我在索霍进行的工作总算获得了成功。我改良的蒸汽机现在正在转动，它比以往的任何蒸汽机都好。我想这台蒸汽机对世界上的所有人都将有益。"

瓦特蒸汽机的灿烂前景朦胧地呈现在眼前。

深谋远虑的博尔顿比瓦特看得更远，他指出：瓦特蒸汽机的专利期只有 15 年，而现在已经过了 5 年，机器还有一些试验需要做，而且在产品正式进入市场之前，不仅需要建造新的生产车间，还要做营销宣传，然后才能收回成本，产生利润。现在专利期只剩下 10 年，时间太短了，获利的空间非常狭窄，所以必须向议会申请延长专利期。

瓦特完全支持博尔顿的决定。

第六章 | 走向市场

博尔顿提出了一项将瓦特蒸汽机的专利期延长25年的法案,并到议会积极游说。议员中有不少矿主,由于各自的利益不同,分歧很大。有位名叫埃德蒙·伯克的议员,更是强烈反对博尔顿的提案。

"专利期延长了,会导致新发明被人垄断专营,这样对国家不利。而且专利机器价格高,会使矿主们难以承受。"伯克振振有词。

"瓦特改良蒸汽机屡败屡战,历尽艰辛,几次破产,最后才见到成功的曙光。"博尔顿在议会力排众议,大声疾呼,"如果没有足够长的专利有效期作为保障,发明家的积极性必然受到挫伤,以后谁还会做这种劳而无功的'傻瓜'!据我所知,一些铜矿因为无法进行深层开采已经陷入半瘫痪的境地。要是没有瓦特蒸汽机,矿主们只能面对深井下的积水一筹莫展,望井兴叹,乃至停工,最后真正受到损害的不仅是矿主们,还有国家!"

博尔顿的雄辩取得了意想不到的效果。他不仅阐述了延长专利期的必要性,还宣传了瓦特蒸汽机的优越性,真可谓一箭双雕。

1775年5月,经过博尔顿的不懈努力,英国议会终于通过法令，准许瓦特蒸汽机的专利期延长25年。

  收获的日子终于临近了。没过多久，博尔顿接到了两台大功率瓦特蒸汽机的订单，他和瓦特立即安排生产。这两台具有历史意义的蒸汽机，一台是威尔金森机械制造厂的订货，将用在一座高炉上做鼓风机，汽缸直径约96.52厘米；另一台是为本特利矿业公司的布鲁姆菲尔德煤矿制造的，汽缸直径约1.27米。为了保证质量，两个汽缸都是委托威尔金森机械制造厂生产的。蒸汽机一切精细的配件——阀门、活塞、各部分连接件以及冷凝器等，则由博尔顿和瓦特共同掌管的索霍制造厂生产。

首次亮相引起轰动

1776年3月,瓦特蒸汽机走向公众,在本特利矿区首次亮相。

这是一个不寻常的星期五。在英格兰中部的本特利矿区,一台庞大的蒸汽机在矿井旁被架设起来。这台机器是索霍制造厂为布鲁姆菲尔德煤矿制造的。来到现场的除了博尔顿、瓦特,还有本特利矿业公司的矿主们,以及一批科学界的人士和报社记者。来宾们的目光都异常兴奋。

大家都充满好奇——瓦特蒸汽机到底怎么样?它的性能真的能超过纽科门蒸汽机吗?它会不会愚弄所有人?

围观的人越来越多,他们不停地向前涌动,最后都静静地站住了。只见一个满头大汗的工程师在高大的机器周围忙碌着,从这一头走到那一头,一会儿牵动连杆,一会儿开启或关闭阀门。在他上面,那根巨大的横梁就像风箱突出的手柄一样,沿着枢轴上下移动。

所有人的目光都聚焦在工程师灵巧的双手上。只见他依次关闭了一系列阀门,检查了一下仪表,拽动了一根控制杆,又伸出手臂,打开了一个新阀门。

在他头顶的高处，那根巨大的横梁突然向下移动了。它向下移，随后上抬，接着又猛然下移，然后又上抬，再下移。机房四壁震颤着，发出嘈杂之声。围观的人群出神地望着横梁那富有节奏的升降运动，耳朵都快被震聋了。

与此同时，矿井深处的水被提了上来。矿井深处的水位开始下降。

不到一个小时，演示结束。原先矿井中约17米深的水现在已经被抽干了。这根巨型横梁做了最后一次下降动作，工程师关闭了阀门，机器停止了运转。紧接着，人声鼎沸，现场一片欢腾。

坐在贵宾席上的博尔顿和瓦特露出会心的微笑。本特利矿业公司的矿主们从座位上站起来，相互拍肩拥抱，互道祝贺。

瓦特蒸汽机的演示获得了巨大成功，并在当地引起了轰动。3月11日，《阿里斯伯明翰报》报道说：

> 上星期五，根据瓦特先生的新原理制造出来的一台蒸汽机，在靠近达德利的布鲁姆菲尔德煤矿开始工作。光临现场的有本特利、班纳、沃林和韦斯特利先生，还有一批科学界的绅士。
>
> 这些科学界的绅士第一次看到这台机器的运转是那么独特

第六章 | 走向市场

有力，都感到好奇、兴奋。这台机器的精彩表演，充分满足了他们的期望。这台机器的整个工艺颇受人们的关注和赞叹。所有的铁铸配件（确实达到无与伦比的水平）都是由威尔金森先生承担下来的，带有各种阀门和活塞的冷凝器，以及所有小零件，都是由哈里森先生等人在索霍制造的，整台机器则是由佩林斯先生按照设计图纸并在瓦特先生的指导下安装起来的。

这台蒸汽机从一开始运转，就可以每分钟进行14至15个冲程，不到一个小时就把矿井（井深约27米，水深约17米）里的水抽完了。然后，那些绅士去附近就餐，工人们也都跟着去了。餐后，按照惯例，在能工巧匠们兴高采烈的欢呼声中，这台机器被命名为"议会号引擎"。这台机器带动了一个直径约36.83厘米的水泵，这个水泵能够在约91米深的地方工作，如果需要的话，其工作深度甚至可以达到110米，而它所消耗的燃料，只有普通机器为提供同样动力所需燃料的1/4。汽缸的直径约1.27米，而冲程的幅度约2米。布鲁姆菲尔德的矿主们，通过订购这台前所未有的大型机器而放弃已经开始安装的一台普通机器所表现出来的那种开明精神，使他们赢得了许多人的称赞，因为通过这个实例，消除了那些没有亲眼见过这种机器的人的各种疑虑，从而最终确定了这项发明的重要性和实用性。

这种机器不是靠大气的压力来工作的,其原理与别的机器大相径庭。这种机器是由瓦特先生(不久前在格拉斯哥)经过多年研究,并进行了种种昂贵而艰苦的试验之后才改良出来的。如今,这种机器正在他和博尔顿先生的指导下,在本城附近的博尔顿和福瑟吉尔制造厂进行生产,他们在那里生产了4台这种机器,并且为此建立了一个联络机构,以便实现一项十分广泛的计划,生产几乎可以适用于各种用途的机器,凡是需要机械动力的地方都可以使用。

瓦特把蒸汽机演示成功的消息报告给父亲。父亲回信表示祝贺,并让他回格里诺克一趟,说有要事相商。

瓦特回到家乡格里诺克,才知道父亲张罗着让他再婚。瓦特起初不同意,玛格丽特已经去世3年,但他一直很怀念她。父亲说,瓦特要搞蒸汽机的研制和推广,东奔西走,生活很不安定,如果家里有个新主妇,可以照料两个孩子。就这样,瓦特与印染商的女儿安见了一面。安穿着整洁,节俭能干,于是瓦特同意了。安的父亲对瓦特也很满意。

在举行婚礼之前,父亲得知瓦特和博尔顿的合作只有口头

协议,没有签订正式的合同。瓦特解释说,博尔顿很重信义,一诺千金,自己也说话算数,信守承诺,不会有什么问题。

 改变世界的巨人 | 瓦特

"这怎么行?安和她的家人如果知道你这个发明家连正式的合同都没有签订,肯定不会同意这门婚事。"

在父亲的敦促下,瓦特及时与博尔顿取得联系,并达成共识。两人很快就把正式的合同签订了。

部分合同条款如下:

> 一、瓦特专利的 2/3 权益转让给博尔顿。
> 二、博尔顿付清过去的一切费用,并承担将来的试验费用。
> 三、博尔顿负责此发明专利的商业运营;瓦特负责绘制图纸、指导生产及安装测试工作;公司负责支付双方因蒸汽机业务产生的差旅费。
> 四、合同于 1775 年 6 月 1 日起生效,有效期为 25 年。

于是,瓦特和安在格里诺克举行了婚礼。

瓦特带着第二任妻子安回到伯明翰。他告诉两个孩子:"这是你们的新妈妈。"儿子小詹姆斯是个顽皮蛋,一边扮着鬼脸,一边说:"新妈妈好!"女儿玛格丽特则沉默不语。

安不像瓦特的第一任妻子玛格丽特那样温柔贤淑、体贴入微,她很要强,主持家务说一不二,强调守规矩、讲纪律,无

第六章 | 走向市场

论大人孩子,都要严格按照时间表作息。而且安很爱干净,在每个房间门口都摆放一块毛巾,要求任何人进屋都得先擦鞋,客人也不例外。没过多久,两个孩子就被训练得乖乖的。据说就连家里养的小狗也知道要在进屋前先擦擦爪子,否则绝不敢迈过门槛。

安吃苦耐劳、克勤克俭,作为发明家的妻子,这倒是莫大的优点。在随后瓦特"征战"康沃尔矿区期间,她始终陪伴在瓦特身边,将家务料理得井井有条。

"征战"康沃尔矿区

康沃尔矿区位于英格兰西南端的康沃尔郡,是英国的矿业中心,在英国矿业界的地位举足轻重。康沃尔郡是一个半岛,东与德文郡相邻,南临英吉利海峡,西面和北面临近大西洋,境内多丘陵,盛产锡。康沃尔郡的采矿业具有悠久的历史,11、12世纪就创办了锡矿业。中世纪时康沃尔郡的矿山数目约有2000座,至19世纪工业革命时矿业仍然繁荣。

自从在本特利矿区展示成功后,瓦特蒸汽机的订单就从全国各地源源不断地飞来。伦敦的一家酒厂订购一台,考文垂市附近的一家矿山也订购一台,苏格兰也有一份订单,还有一些询价单来自其他国家。博尔顿在索霍制造厂里建了一个大型车间,专门生产瓦特蒸汽机。

康沃尔矿区的矿主们也瞄准了瓦特蒸汽机,而且他们想要这种新机器的愿望比其他地区更强烈,因为他们开采的不是煤,而是铜和锡。其他煤矿使用自己挖出来的煤作为燃料,而康沃尔矿区的矿主们使用的每一块煤都得从外地运来。较高的生产成本使矿主们负担甚重,却束手无策。瓦特蒸汽机的出现,给焦头烂额的康沃尔矿区的矿主们带来了希望。

第六章 | 走向市场

有关瓦特蒸汽机的消息很快传遍了康沃尔矿区。1776年夏,一个康沃尔矿区的矿主代表团来到英格兰中部,参观了在布鲁姆菲尔德的瓦特蒸汽机,然后访问了伯明翰的索霍制造厂。他们走后,瓦特发现一张蒸汽机的总装配图纸不见了。

博尔顿得知后非常愤怒,立即写信给代表团领队托马斯·恩尼斯。平素温文尔雅的博尔顿在信中尖刻地指出:"先生,我们不是开办一所教别人如何制造蒸汽机的学校!我们不提供图纸,只销售由我们自己制造的蒸汽机!"

恩尼斯很快回了信,那张图纸被追了回来。他在信中解释说,拿图纸的人叫理查德·特里维西克,是一个锡矿经理,因为不知道那是总装配图纸而"误拿"了,非常抱歉。

这个戏剧性的插曲过去不久,康沃尔矿区便订购了两台瓦特蒸汽机。一台由廷唐矿订购,另一台由特鲁罗的忙碌矿订购。康沃尔矿区已使用纽科门蒸汽机多年,50年前,纽科门曾亲自来到这里,把一台纽科门蒸汽机安装在特鲁罗附近的霍尔洛斯矿。半个世纪过去了,纽科门的这台"老掉牙"的机器依旧在嘎吱作响地转动。矿区的工人大都对瓦特蒸汽机抱着半信半疑的态度。

康沃尔矿区太重要了!博尔顿和瓦特心里都清楚,这两台瓦特蒸汽机能否安装、运转成功,关系着瓦特蒸汽机能否在康沃尔矿区立足,进而走向全英国、全世界的市场。

1777年8月,瓦特由安陪同,离开伯明翰,南下康沃尔矿区,亲自去指导瓦特蒸汽机的安装工作。他们先搭乘轻便的邮递马车,再转乘公共马车,一路颠簸,经过4天疲惫的旅程,终于抵达特鲁罗。

瓦特对康沃尔矿区的第一印象颇为不佳。他给博尔顿写信说:"这里的人粗野蛮横,不懂礼貌,对我们冷眼相待……这里的老式蒸汽机既蹩脚又危险,房子破破烂烂,由于房顶上的

第六章 | 走向市场

贮水器漏水,使这里的每样东西都在滴水。"

安在给博尔顿夫人的信中则写道:"对于这个地区,我简直不知该向您说些什么好。我们所在的特鲁罗,是全郡条件最差的地方。土地被开矿者挖得千疮百孔、面目全非,到处坑坑洼洼。地面堆满了垃圾,很难看到一棵绿树。"

忙碌矿订购的瓦特蒸汽机已提前运到特鲁罗,负责安装的技师名叫托马斯·达德利,前不久曾到索霍制造厂接受技术培训,工作认真,瓦特对他印象不错。

在瓦特的指导和监督下,新蒸汽机开始安装。为了确保新蒸汽机安装精确到位,瓦特亲自示范,严格操作,反复进行调试。矿区的工程师很佩服瓦特一丝不苟的工作态度。达德利也干得很不错。

1777年9月,新蒸汽机开始运转。这是康沃尔矿区的第一台瓦特蒸汽机。

瓦特写信向博尔顿报告:"忙碌矿的蒸汽机运转良好。"一个月以后,他又在信中幽默地说:"这台蒸汽机运转得越来越好,忙碌矿比从前更忙碌了!"

不久,廷唐矿订购的瓦特蒸汽机也运到了。瓦特又赶往廷唐矿,亲自指导新蒸汽机的安装和调试。他从一个矿区赶到另一个矿区，工作连续不断，非常疲劳。瓦特在工作日志里写道："我想自己一定会被匆忙和烦恼击倒，我感觉自己分身乏术。"由于矿区里的工人都是第一次接触瓦特蒸汽机，许多事都要瓦特亲力亲为，手把手示范，稍有不慎就会因工人的操作失误而损害机器。

瓦特克服了诸多困难，不辞辛劳，终于圆满完成了这台功率更大的瓦特蒸汽机的安装工作。一个月后，廷唐矿的新蒸汽机运转起来。这是康沃尔矿区的第二台瓦特蒸汽机。

这两台瓦特蒸汽机的功能和效果远远超过了纽科门蒸汽机。瓦特蒸汽机的声誉在康沃尔矿区传播开来。

紧接着，订单源源不断地飞向索霍制造厂。特里格塔丘陵锡矿订购了一台大型瓦特蒸汽机，汽缸尺寸约1.6米。查斯沃特矿也订购了一台汽缸尺寸相同的瓦特蒸汽机。查斯沃特矿原有一台老式蒸汽机，此时用瓦特蒸汽机的汽缸和冷凝器进行了改造。这些新蒸汽机器和被改造的蒸汽机于1778年在康沃尔矿区运转。

查斯沃特西区的哈拉曼宁矿也不甘落后，订购了一台汽缸尺寸约1米的瓦特蒸汽机。

除此之外，更多的瓦特蒸汽机订单正从查斯沃特东区附近的众多矿山发来。

为了安装和调试新机器，1778年5月，瓦特和安再次来到康沃尔矿区，这次他们逗留了较长时间。这里要做的事情太多了，瓦特甚至在圣诞节都没能赶回伯明翰。1779年，安为瓦特生了一个儿子。不久，博尔顿在靠近查斯沃特东区的科斯加恩买了一所房子，供瓦特夫妇使用。这是一栋乡村别墅，环境幽静舒适，房间宽敞整洁，窗户装有上下推拉的双层窗框，外墙爬满了葡萄藤，花园里种着桃树、李树和红醋栗。

劳动创造世界，创新创造奇迹。瓦特蒸汽机的安装、调试成功，让瓦特觉得世界变得更加美好。瓦特赞叹道："康沃尔矿区也有这样美妙的地方啊！"

仅仅6年，瓦特蒸汽机就占领了康沃尔矿区的市场，取得了辉煌的成果。到1783年，康沃尔矿区还在使用的纽科门蒸汽机已经所剩无几了。这时已有21台瓦特蒸汽机在康沃尔矿区运转。1784年至1788年，康沃尔矿区又安装了18台瓦特蒸汽机。

瓦特蒸汽机成为康沃尔矿区的救星，使许多濒临停产的铜矿和锡矿免于倒闭，重新焕发了活力，也拯救了一大批受失业威胁的矿工。瓦特蒸汽机的销路打开后，利润随之大幅增加。

博尔顿虽然很富有,但由于瓦特蒸汽机的试制费用太高,他的资产也差点儿被拖垮,博尔顿甚至把父亲留下的地产和妻子所有的土地都变卖了。在资金最匮乏的时候,博尔顿毫不动摇,继续支持瓦特的试验。他想方设法,积极筹资,以抵押的方式从伦敦银行家那里筹集到1.7万英镑的贷款,同时以瓦特蒸汽机的专利权为担保,从特鲁罗当地的一些银行筹集到一笔钱,解决了资金短缺的问题。这些资金保证了瓦特蒸汽机的成功试制和最终走向市场。

助手默多克

在瓦特蒸汽机"征战"康沃尔矿区的过程中,有一个年轻有为的得力助手立下了汗马功劳,他就是威廉·默多克。瓦特的传记作家称,这个人在瓦特研发、推广蒸汽机的历程中,重要程度仅次于博尔顿。

默多克是苏格兰人,他的父亲是一个磨坊主兼磨坊机匠。默多克从小受父亲的熏陶,在机械方面的能力不弱于父亲。1777年,瓦特蒸汽机的声誉传到默多克的家乡,23岁的默多克备受鼓舞,决心投奔瓦特,在索霍制造厂找份工作。

默多克风尘仆仆地来到伯明翰投奔瓦特,不料却扑了个空。

"请问,瓦特先生在吗?"他向门房打听。

"你从哪里来的?"身材高大、威风凛凛的门房打量着默多克。只见眼前这个小伙子背着简单的行囊,衣衫褴褛,头上戴着一顶别致的帽子。

"瓦特先生认识你吗?"门房又问。

"瓦特先生不认识我,但我们是老乡,我从苏格兰专程来拜访他。"

"瓦特先生不在,他去康沃尔矿区了。"

"去康沃尔矿区了……"默多克脸上露出失望的神情,"请问您知道他什么时候回来吗?"

"说不准,恐怕要好几个月。"

"康沃尔矿区远在天边,那是天涯海角哇!"默多克叹息道,一脸无奈。

"你大老远地跑来拜访瓦特先生,有什么事吗?"门房挺同情默多克。

"我想在索霍制造厂找点儿事做。"

"哦,你先等一下。"门房进去向博尔顿禀报。

博尔顿正在办公室伏案工作,听说有个苏格兰青年来求职,于是说:"叫他进来吧。"不一会儿,一个身体结实、模样机灵的小伙子走进办公室。他看上去很兴奋,又有点儿紧张。

"听说你想来索霍制造厂工作?"博尔顿问。

"是的,先生。"默多克向博尔顿行礼。

"你有什么专长呢?"

"我父亲是个磨坊机匠,我一直在帮他干活儿。"

"磨坊机匠在我们这里可是外行。"

"先生,我如果总待在磨坊里,是不会有出息的。"默多克急切地表示,"瓦特先生改良的蒸汽机非常了不起,在我们

第六章｜走向市场

那儿引起了轰动。我和他是老乡，所以来找他。"

"可是我们工厂的普通工人已经满员了，除非你有特别的本事，否则很难给你安排。"博尔顿很理解默多克的心情，尽量把话说得委婉些。

默多克紧张地站在博尔顿面前，手指不停地卷着头上的硬帽边。

博尔顿的目光被那顶帽子吸引了。那顶帽子和他从前见过的所有帽子迥然不同，不是布面的，而像是用油漆刷过的。

他随口问道："你这顶帽子挺奇怪的，它是用什么做的？"

"木材，先生。"默多克局促地回答。

"木材！"博尔顿非常惊讶，"怎么做出来的？"

"是我用自造的车床把它车出来的。"默多克说。

"用车床车出来的？"博尔顿更惊奇了。

这一刻，博尔顿意识到面前的年轻人是一个奇才！用车床车出一顶木质帽子，是一项超出常规的工作。他能够制造和使用一种可以车椭圆形物体的车床，这绝不是一个普通工人能够胜任的。

慧眼识才的博尔顿当即拍板留下默多克。

"年轻人，恭喜你被索霍制造厂录用了！"

改变世界的巨人 | 瓦特

"先生，谢谢您给我机会！"默多克喜出望外。

这顶帽子的奇缘后来成为蒸汽机发展史上的一段佳话。默多克如愿以偿地加入了瓦特的团队，他的聪明才智因此得到了充分发挥，后来成为瓦特最得力的助手。

默多克最初被安排在车间制作模具，他干得很出色，不久就开始负责瓦特蒸汽机的监制工作。默多克的悟性很高，在瓦特的培训和指导下，很快就掌握了瓦特蒸汽机的生产流程，并学会了安装和维修。瓦特蒸汽机的安装和维修在当时是门新技术，一般的技师很难掌握，瓦特常常为此伤脑筋，每一台瓦特蒸汽机安装时，他都得亲自到矿区的现场进行指导和监督，非常辛苦。有了默多克，这一境况就能缓解了。

默多克被派到苏格兰的一个矿区，负责装配一台汽缸直径约 91.44 厘米的瓦特蒸汽机，他圆满地完成了任务。后来他又

第六章 | 走向市场

到另一个矿区安装了一台功率更大的瓦特蒸汽机。默多克工作兢兢业业、认真负责、不辞劳苦,得到了客户们的好评。博尔顿也很赏识他,说他是自己"见到过的最敬业,也最善于安装蒸汽机的技师"。

1779年9月,默多克被派到康沃尔矿区,协助瓦特工作。瓦特不久后返回伯明翰,默多克则继续留在康沃尔矿区,并在那里驻守了多年,以确保数十台瓦特蒸汽机正常运转。有任何一台蒸汽机出了故障,默多克不把故障排除是绝不会去休息的。

在博尔顿给瓦特写的下面这篇报道里,曾专门谈到了默多克在两个矿井间奔忙的情况:

> 默多克是个不知道疲倦的人,从安装工作一开始,他就废寝忘食,谁都不如他能干。上个星期四和星期五,默多克苦干了两个日夜之后,又收到了处女锡矿的一封告急信,要他马上赶到那里,因为一台蒸汽机停止运转了,他们无论如何都无法使机器启动,要是默多克不能立即赶到,他们就只好熄火停产了。于是,默多克星期六一大早就赶到了处女锡矿,启动了那台蒸汽机。在机器良好地运转了五六个小时之后才离开那里。他回到统一矿时已经是深夜11点了。接着,他又为那些蒸汽

机忙碌起来,一直干到凌晨4点才就寝。今天上午10点,我又看到他在贮水槽那里,忙着找寻震落的栓钉和栓销。他患了重感冒,打着喷嚏,浑身发热,我坚持让他回家睡觉……

正因为有默多克这样忠诚、敬业的助手相助,瓦特蒸汽机"征战"康沃尔矿区才取得了辉煌的战果。

不仅如此,默多克很快显露出杰出的发明创造才能,后来瓦特对蒸汽机进行的几项重大改良,默多克都提出过十分宝贵的意见。

第七章 | 蒸汽时代

改良再改良

科学发明的灵魂是创新，瓦特就属于那种不断创新进取的发明家。

瓦特蒸汽机和比它早问世的纽科门蒸汽机都只能做往返的直线运动——向上或向下，所以多用于提取矿井深处的水，这显然限制了它的使用范围。实际上，还有更多的机器，如面粉厂的磨粉机、纺织厂的纺纱机等，都是以旋转的方式运转的。如果能把蒸汽机从直线往返运动转换为旋转运动，必然会大大拓宽蒸汽机的使用范围，这将是一个重大革新。

瓦特蒸汽机占领康沃尔矿区的市场后，声誉日隆。许多蒸汽机的潜在客户对机器提出了新的需求，尤其是一些磨坊主，热切地渴望蒸汽碾磨机的诞生。

1781 年 6 月，博尔顿在给瓦特的信中写道：

> 伦敦、曼彻斯特和伯明翰的那批人，对蒸汽碾磨机迷恋若狂。我并不是催促您，但我认为在一两个月内，我们应该下决心取得制造旋转运动蒸汽引擎的某种方法的专利权……再也找不到像康沃尔矿区这样的地方了……要打开我们的蒸汽机最有

改变世界的巨人 | 瓦特

> 希望的新销路,就是把它们运到磨坊中去。那肯定是一个广阔的天地。

博尔顿具有战略眼光,他在信中展示了一个广阔的新市场,这对瓦特来说无疑是个激励。实业家看到的是市场前景,发明家看到的是科学创新的挑战。瓦特被动员起来,全力投入到这项研究中。

要把直线往返运动转换成旋转运动,最简单的方法是采用曲柄。所谓曲柄,是一个附在一根连杆上的轮子,顶杆附有铰链,连杆的往返带动轮子的旋转。这是一种很平常的机械,通过曲柄和连杆就可以把直线运动变成旋转运动,当时已被应用在水力纺纱机和手摇磨刀石上。

但是,曲柄已在1780年8月被一个纽扣制造商申请了专利,专利期15年。据说,曲柄的发明者是一个制造钟表的机械师,名叫俄许巴拉,瓦特以前曾请他制造过管嘴等工具。如果瓦特蒸汽机要采用曲柄,必须得到那个纽扣制造商的同意,并且要付给他专利使用费。为了避免麻烦,减少成本,瓦特决定绕开曲柄,采用一种新的装置。

"默多克,你看有没有什么可以代替曲柄的方法?"瓦特向默多克征求意见。

"让我想想看。"默多克回答说。

3天以后,默多克来向瓦特报告。

"我想出了一个点子,先生看行不行。"他满脸喜色。

"什么点子?快说说。"瓦特急切地说。

"先生,您看。"默多克在纸上画了一个草图,"曲柄是附在一根连杆上的轮子,靠铰链带动。如果我们去掉铰链,改为采用两个轮子,横杆前后运动带动一个开了槽的轮子围绕另一个轮子旋转,而这个轮子又带动下一个大得多的轮子转动,横杆的直线运动就被转换成旋转运动啦!"

"太好了!你是怎么想到这个点子的?"瓦特鼓掌赞叹道。

"我是从威廉·赫歇尔今年刚发现的天王星得到启发的。"默多克回答,"赫歇尔起初以为天王星是彗星,但其实它是行星,就像其他行星一样围绕太阳旋转。于是,我就想到了这个'太阳与行星'的引擎……"

"妙极了!就叫它'太阳与行星'引擎吧!"

根据默多克提供的思路,瓦特很快就研制出了一套"太阳与行星"的齿轮联动装置。1781年底,瓦特把这个成果申请了专利。除此之外,瓦特还提出了4种将直线往返运动转换为

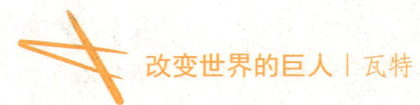

旋转运动的方法,不过还是"太阳与行星"的齿轮联动装置最实用。这套新装置应用在蒸汽机上,成功地把活塞的直线往返运动转换成了齿轮的旋转运动。这一发明绕开了曲柄专利的限制,极大地拓展了瓦特蒸汽机的应用范围,一些打磨玻璃的工厂和研磨面粉加工厂的订单纷纷飞来。直到14年后曲柄的专

利到期,瓦特蒸汽机才改为使用曲柄,因为曲柄的结构比"太阳与行星"引擎更简单,加工更方便,成本也更低。

在研制"太阳与行星"引擎的同时,瓦特还完成了蒸汽机的另一项重大革新,那就是把汽缸的活塞从单向推动变为双向推动,使汽缸的动力增加了一倍。以往的蒸汽机都是单向推动式的,蒸汽只能由活塞的一头导入,而双向推动式的蒸汽机则由活塞的两头轮流导入蒸汽,这样一来,同样大小的汽缸,在同等时间内和消耗同样燃料的条件下,可完成的动力是单向推动式蒸汽机的两倍。

1782年,瓦特的双向推动式蒸汽机取得了专利。1783年3月,这种型号的第一台试验性蒸汽机在索霍运转起来。它是一种小冲程的机器,有一个直径约45.72厘米的汽缸,被用来带动一台小型谷物碾磨机。

瓦特在试用中发现,双向推动式蒸汽机的活塞杆被限制只能做直线运动,而横杆的顶端却在一侧做圆弧运动,要想把活塞杆的直线运动和横杆的圆弧运动糅合在一起,就必须设计一个新的配件来起到衔接和协调的作用。这是一个棘手的难题,瓦特反复琢磨,希望能找到一个解决的妙法。

1784年6月,瓦特写信给博尔顿,告知他试验已接近成功,

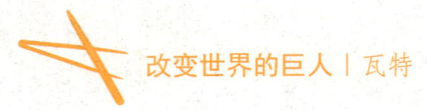

但仍需再试。功夫不负有心人，瓦特终于找到了妙法，他在双向推动式蒸汽机上巧妙地增加了第三根连接杆，其杆上的一点正好就是活塞杆运动的直线轨迹和圆弧轨迹的交点。活塞运转到这个点时，就会把它所有的上下推动力全部传递给横杆的顶端，于是，沿着圆弧运动的横杆就在空中摆动起来。瓦特把这个发明称为平行运动装置，并于同年申请了专利。瓦特很得意自己的这个发明，晚年时他曾对儿子詹姆斯说："在我发明的所有东西里面，只有平行运动装置最令我感到骄傲。"

这之后，瓦特又发明了离心调速器，可以自动调节活塞的快慢，以确保活塞一直保持匀速运动。

至此，瓦特才完成了对蒸汽机的发明改良。"太阳与行星"引擎、双向推动式蒸汽机、平行运动装置、离心调速器——这几项改良，使瓦特蒸汽机臻于完善，成为当时全世界最好的蒸汽机，也成为用于大工业和交通运输业的"万能动力机"。瓦特蒸汽机除了在英国各地的工厂投入使用，还销售至欧美的其他国家。

披荆斩棘

瓦特蒸汽机在开创新时代的征途中,并不是一帆风顺的。

瓦特蒸汽机在康沃尔矿区热卖后,一些不法分子打着发明家和机械师的旗号,以索霍制造厂一半的定价承接订货,兜售自制的假冒伪劣机器。还有一些人经常到索霍制造厂附近的小酒馆,同工人们套近乎、拉关系,打听瓦特蒸汽机的生产机密,甚至不惜花重金收买情报,再以高价转卖给那些伪造蒸汽机的不法分子。

起初,博尔顿对这些消息并未在意,但不久,康沃尔矿区的铜矿就出现了假冒伪劣的蒸汽机。这些机器没有注明产地,没有生产厂家,汽缸尺寸不准确,配件严重缺损,根本不符合质量要求。并且这些机器在运转时效率极低,煤耗量惊人,还经常出故障,甚至酿成爆炸事件。这些机器虽然不是索霍制造厂的产品,但外人都误以为是瓦特蒸汽机,还有些假冒伪劣的机器索性就是打着瓦特蒸汽机的招牌销售的。

这些假冒伪劣产品严重地损害了博尔顿-瓦特公司的权益,并败坏了瓦特蒸汽机的声誉。博尔顿和瓦特发现,这些不法分子中竟然有两人曾在索霍制造厂工作过。其中一人是个有

改变世界的巨人 | 瓦特

经验的技师，做过瓦特的助理；另一人是个安装工程师。他们被金钱蒙蔽了眼睛，干出了违背职业道德的事。那个技师甚至四处鼓吹："我发明了比瓦特蒸汽机更先进的蒸汽机！"

康沃尔矿区的矿主们也乘机赖账，宣布不再支付瓦特蒸汽机的专利使用费。

"既然瓦特蒸汽机的假冒伪劣产品现在到处都是，我们凭什么还要支付专利使用费？"这些矿主联合起来，发起了请求议会取消瓦特蒸汽机专利权的运动。

博尔顿和瓦特意识到了问题的严重性，决定进行法律诉讼，坚决打击假冒伪劣产品，维护自己的合法权益。这场官司打了很长时间。

瓦特义正词严地说：

> 他们指控我们实行垄断，就算这是垄断，但恰恰是这个垄断才让他们的生产率得到空前提高……他们说，使用瓦特蒸汽机需支付专利使用费，这让他们很难办，那我可以说，如果我把自己屁股口袋的纽扣扣好，对于那些想偷摸我钱包的人来说，也是很难办的。毫无疑问，这就像有人希望得到某位乡绅的一块土地，但却有着继承法的束缚那样难办。更何况该乡绅只是

第七章 | 蒸汽时代

> 消极地继承了他的土地,而瓦特蒸汽机则是我创造发明的结晶。天晓得,为了它,我曾遭受过多少痛苦的折磨……

最终,伦敦高等法院做出判决,确定了瓦特专利权的正当性。喜讯传来,索霍制造厂举行了盛大的庆祝大会,现场欢声雷动。官司胜诉后不久,博尔顿就收到了康沃尔矿区的矿主们滞纳的专利使用费。这笔钱对博尔顿-瓦特公司的进一步发展起到了很大的促进作用。

在瓦特蒸汽机事业发展的过程中,还有一件事值得记载,那就是为了准确地测量蒸汽机的动力大小,瓦特经过测量确定了一种标准单位——马力。

在蒸汽机发明之前,除了水车和风车,大多数机器都需要利用马的力量,因此那些老板和技术工人通常对马的力量知道得很清楚。1782年,在双向推动式蒸汽机取得专利之后,有个客户订购了一台瓦特蒸汽机,准备用它来驱动锯木机。

瓦特问他:"您需要多大功率的?"

那客户应道:"我需要12马力,也就是12匹马围着踏车转动时所做的功。"

瓦特认为这个回答相当模糊。

"您说的 1 马力,能产生多少功呢?"他问客户。

"嘿嘿,我也说不准,反正就是 1 匹马的力气。"

1 马力到底能产生多少功?这需要精确地计算出来才能作为衡量动力的标准。于是,瓦特请这位客户提供相关数据,如 1 匹马 1 分钟行走的距离,以及马驱动锯木机所需要的力量等。

瓦特根据这些数据进行计算,最后算出 1 匹马 1 分钟可以把 33000 磅(1 磅约等于 0.45 千克)的重物提起 1 英尺(1 英尺约等于 30.48 厘米),这就是英制 1 马力的定量标准。[①]

瓦特由此确定了客户要求 12 马力的这台蒸汽机的功率。此后每一台瓦特蒸汽机都标明了功率是多少马力,并相应地定

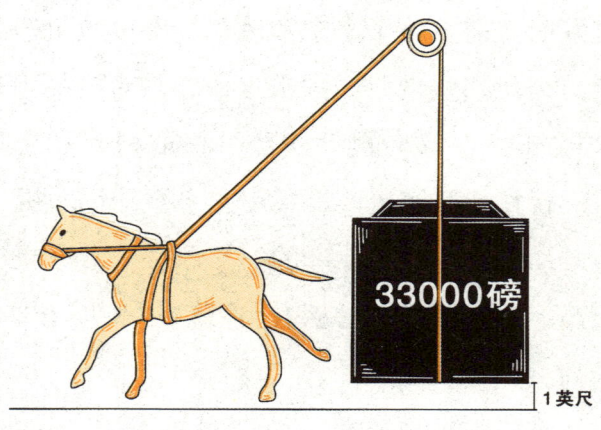

①现代公制 1 马力的标准为每秒钟把 75 千克的物体提高 1 米所做的功。

第七章 | 蒸汽时代

价。直到现在,所有的蒸汽机还在用"马力"做标注,英制度量衡里也仍在使用"马力"这个单位。

1784年,瓦特因改良蒸汽机的重大贡献,当选为爱丁堡皇家学会会员,1785年又当选为英国皇家学会会员。此后,瓦特蒸汽机在纺织行业陆续投入使用,并受到广泛欢迎。马克思曾评论说:"瓦特的伟大天才表现在1784年4月他所取得的专利的说明书中,他没有把自己的蒸汽机说成是一种用于特殊目的的发明,而把它说成是大工业普遍应用的发动机。"

博尔顿想要在伦敦阿尔比恩建一座面粉厂,并有意把它建成一座使用瓦特蒸汽机的模范工厂。当时伦敦的面粉厂基本都采用水车或马匹作为动力,博尔顿和瓦特想要建面粉厂的消息传出后,伦敦的面粉商们强烈反对,群起而攻之。他们联合起来向伦敦市政府投诉,声称如果博尔顿和瓦特真的在伦敦建了这么大的面粉厂,就会把那些以水车或马匹作为动力的面粉厂的生意全部抢走,造成大批工人失业,面包价格暴跌,进而导致社会混乱。

新的生产工具投入使用,总会遭到保守势力的阻挠。博尔顿利用自己的影响力和人际关系,与伦敦市政府竭力斡旋,终于拿到了建设面粉厂的许可证。1784年底,面粉厂动工兴建,瓦特设计的大型蒸汽机也开始在索霍制造厂制造。

两年后，阿尔比恩面粉厂建成。面粉厂开业成了伦敦轰动一时的大事。该厂装配了两台大型瓦特蒸汽机，每台功率为50马力，汽缸直径约2.2米，横杆长约6.2米。这两台蒸汽机能使直径约3.5米的两座石臼每秒钟同时转动12次，阿尔比恩面粉厂的面粉生产量可达每小时5吨，这使它当之无愧地成为当时最大的机械化工厂。

自投产后，阿尔比恩面粉厂成了伦敦的名胜之一，每天来观光的人络绎不绝。这里甚至还举行舞会，后来发展成为伦敦的名流聚会之地。瓦特不习惯这样喧闹，向博尔顿抱怨道："咱们这里是面粉厂，又不是社交场所！"博尔顿却不以为然，对瓦特笑道："这对我们的新式蒸汽机可是最好的宣传！"瓦特认为博尔顿的话也有道理，于是便乐观其成。在随后的几年里，阿尔比恩面粉厂令瓦特蒸汽机名声大震，也让博尔顿和瓦特名利双收。

令人意想不到的是，1791年3月的一个傍晚，阿尔比恩面粉厂蹊跷地着火了。火势异常凶猛，工厂顿时变成一片火海。着火时间恰好在退潮之时，而且储水槽的活塞也被人拔掉了。由于来不及灭火，几个小时后，阿尔比恩面粉厂化为灰烬。

第七章｜蒸汽时代

很多迹象表明，这是一场有预谋的人为纵火，罪魁祸首很有可能是当初反对建厂的那些面粉商。博尔顿当即向伦敦警方报了案，并悬赏缉拿犯人。可是最终也没有抓到纵火犯。

这场火灾使博尔顿和瓦特蒙受了巨大的经济损失，但是他们并没有被击倒，而是很快就振作了起来。虽然失去了阿尔比恩面粉厂，但博尔顿的生意规模很大，索霍制造厂又陆续接到许多瓦特蒸汽机的订单，其中有不少客户是法国、西班牙和意大利的企业主，甚至还有来自更遥远的北美洲的糖厂厂主。

为了弥补面粉厂的损失，瓦特更努力地投入工作。尽管被偏头痛的老毛病困扰，他却从未放下蒸汽机的研发工作。

改变世界的巨人 | 瓦特

经过两年的加倍努力,局面终于被扭转,博尔顿-瓦特公司的经济状况大为改观,瓦特也从博尔顿那里接到一笔分红。

"瓦特先生,恭喜您!这是公司今年分给您的红利。"博尔顿说。

"同喜,同喜!"瓦特非常高兴。

这一年,瓦特已经 57 岁了。科学发明是伟大的事业,需要许多人前仆后继地奉献和牺牲。从 30 岁投身蒸汽机事业算起,瓦特经历了 27 年艰苦的奋斗,如今终于克服重重险阻,将蒸汽机产业推向了一个新的高度。

轮船与火车

瓦特蒸汽机的应用范围越来越广泛,很快从矿山、工厂走向交通运输。

在瓦特蒸汽机的带动下,自学成才的工程师罗伯特·富尔顿造出了世界上第一艘蒸汽机船,为世界航海事业做出了重大贡献。矿工出身的乔治·斯蒂芬森发明了蒸汽机车,开辟了全球的铁路运输事业。轮船和火车的发明大大缩短了空间距离,加快了时代前进的步伐。

瓦特蒸汽机在交通工具上的应用,是从蒸汽机船开始的。

一个名叫威廉·赛明顿的苏格兰工程师首先尝试将瓦特蒸汽机应用到了船上。赛明顿将一台经过改良的蒸汽机装在一艘拖船上,用来带动安装在船侧的轮子,推动船只前进。这种轮子因为在船上可以看见而得名"明轮",也因形状类似水车轮而被称为"叶轮"。

1802年,赛明顿设计建造的第一艘实用蒸汽机船进行了试航。这艘船被命名为"夏洛特·邓达斯号"。船身长约17米,宽约5.5米,装有一台10马力的小型瓦特蒸汽机。这台瓦特蒸汽机牵引着两艘载重共约70吨的驳船,在福斯-克莱德运河上航行了约 6 小时，行程约 31 千米。试航取得了圆满成功。但遗憾的是，当地的运河管理局拒绝批准使用这种新式蒸汽机船，据说是因为那些官员担心明轮的涡流会损坏运河的岸堤，宁愿继续用马匹来牵引拖船。当时火车尚未问世，运河业还没有铁路运输业这一竞争对手，所以他们感觉不到采用新技术的紧迫性。赛明顿的发明虽然未能得到推广，但它作为第一艘实用的蒸汽机船被载入史册。

与此同时，美国发明家富尔顿也在研究如何把蒸汽机应用到船舶上。1765 年，富尔顿出生在美国宾夕法尼亚州的兰卡斯特，其父是个贫苦的农民。富尔顿幼年丧父，9 岁时才上学，

第七章 | 蒸汽时代

在校学习时间不长。但他心灵手巧，喜欢动脑筋，爱好美术和手工。之后，他进了一家首饰作坊当学徒，专门在项链和戒指上画微型图。1786年，21岁的富尔顿前往英国伦敦学习绘画，正赶上瓦特50岁生日，瓦特请他为自己画了一幅肖像画。由于这个缘分，富尔顿结识了瓦特和其他几个发明家，了解了蒸汽机的原理和作用，并对机械技术产生了兴趣。富尔顿受瓦特的启发，改变了自己当画家的初衷，决心当一个工程师。

此后，富尔顿致力于运河工程的研究，并于1796年出版了《论运河航行的改进》一书，主张用蒸汽机取代马匹作为牵引船只的动力。但他的主张没有得到认可。当时英国的运河业处于垄断局面，那些经营者墨守成规，害怕重大的技术革新会影响他们的货运安全。富尔顿意识到，继续待在英国找不到发展的机会。

之后，富尔顿前往法国巴黎，希望得到拿破仑的支持，但碰了壁。富尔顿并不灰心，他先后用了几年时间，从模型试验到设计制造，最后与资助他的美国公使合伙建了一艘长约21米的蒸汽机船。1806年，富尔顿带着自己的设计图纸来到纽约，他招收了一些工人，开始了自己的事业，把全部精力都集中到发明实用的蒸汽机船上。后来，富尔顿得到了瓦特的支持，获得了更大功率的船用蒸汽机。1807年，富尔顿造出了一艘新的蒸汽机船，命名为"克莱蒙特号"。这艘后来名垂青史的蒸汽机船，长约40.5米，宽约37米，排水量约400吨，用单缸凝汽式蒸汽机驱动两个直径约4.6米的明轮。

1807年8月17日，"克莱蒙特号"在纽约州的哈得孙河进行了历史性的航行。这天早晨，河岸上挤满了好奇的观众。"克莱蒙特号"把一艘艘帆船远远地抛在了后面，观众发出了一片欢呼声。从纽约到奥尔巴尼约241千米的航程，"克莱蒙特号"只用了32小时，而帆船则需要4天4夜。

"克莱蒙特号"的试航成功在美国引起了很大轰动。富尔顿立即在纽约和奥尔巴尼之间开设了每两个星期往返3次的班船，从而开辟了蒸汽机船商业应用的新时代。这种用蒸汽机推进的明轮船，后来又在密西西比河及其主要支流上开辟了一些定期往返的新航线。蒸汽机船在使用中不断被改良，船体越来越大，速度也越来越快，最后明轮换成了螺旋桨，从内河航行发展到海洋航行，成为连接七大洲、四大洋的主要交通工具。

蒸汽机在水上航行方面的成功应用，激发了人们把它应用到陆上交通的兴趣，从而导致了火车的问世。

早在1769年，法国军事工程师尼古拉斯·约瑟夫·居纽

第七章 | 蒸汽时代

就制造出世界上第一辆用蒸汽机驱动的汽车。他在车上安装了自己设计的双活塞蒸汽机,用来牵引作战用的火炮。尽管这辆机车设计粗糙,技术也不过关,但证明了蒸汽机可以用来驱动车辆。

1803年,英国工程师理查德·特里维西克设计制造出世界上第一辆在轨道上行驶的蒸汽机车。1804年,在南威尔士的一段马车轨道上,这辆机车载着10吨铁和70个乘客,成功地行驶了约14.5千米。此后,特里维西克又制造了两辆同类型的机车。1808年,特里维西克在伦敦向公众展示了他最新设计的蒸汽机车,并将这辆蒸汽机车命名为"谁能追上我",足见其雄心壮志。这辆蒸汽机车在伦敦的一条圆形轨道上,像马戏团那样进行卖票表演,引起了很大的轰动。可惜因为缺乏资金支持,特里维西克的发明未能推向市场。

不过,特里维西克使用高压蒸汽,减小了蒸汽机的体积和重量,对蒸汽机的发展做出了重大贡献。后人公认他是发明蒸汽机车的先驱。

特里维西克是个悲剧性的人物,他后来穷困潦倒,于1833年凄凉地死去。"火车之父"的桂冠最终落在了斯蒂芬森的头上。

1781年,斯蒂芬森出生在英格兰东北部的纽卡斯尔市。

改变世界的巨人 | 瓦特

他的父亲是煤矿工人，母亲是家庭妇女，全家靠父亲一个人挣钱养活，生活很贫苦。斯蒂芬森8岁便开始在煤矿当童工，直到18岁还是一个文盲，19岁时他才通过夜校学习，掌握了一定的文化知识。当时，英国的煤矿已经广泛使用瓦特蒸汽机。起初，斯蒂芬森在矿上担任蒸汽机司炉助手，负责擦拭机器，给锅炉加煤。他喜欢钻研，对机械操作和修理很有兴趣，很快就掌握了蒸汽机的结构和性能。不到30岁，他便成为一个优秀的机械师。之后，斯蒂芬森被煤矿老板任命为煤矿动力机械师，负责管理和维修整个煤矿的发动机，年薪100英镑。

当时，英国的煤炭都用马车拉运。受英法战争的影响，英国的马匹缺乏，马和饲料的价格成倍增长。为了降低马车运煤的高昂成本，一些煤矿主寄希望于能代替马匹的火车头出现。在煤矿老板的鼓励下，斯蒂芬森投入对蒸汽机车的研究。

虽然斯蒂芬森起步较晚，但他起点很高。他认真研究了特里维西克10年前制造的那种火车头，发现其主要缺点是太重，木质轨道禁不住机车行进的重压，容易造成出轨等事故。斯蒂芬森对特里维西克的火车头进行了改良，于1814年造出他的第一个火车头。

这个火车头有两个汽缸，一个长约2.4米的锅炉，采用凸缘式车轮。斯蒂芬森把它命名为"布卢彻号"。1814年7月25日,"布卢彻号"进行了首次试行,吸引了不少人前来观看。"布卢彻号"拉着载重共30吨煤的8节矿车,在基林沃思煤矿的一条马拉轨道上奔驰。试行取得了成功。

接着,斯蒂芬森又制造了两个经过改良的火车头,分别命名为"韦灵顿号"和"主宰号"。新火车头虽然重量大为减轻,但仍然经常压裂木质轨道。于是,斯蒂芬森开始把研究的重点转移到制造一种坚硬度适宜的铸铁轨道上来。他在纽卡斯尔市一家铁工厂老板威廉·洛什的帮助下,终于成功研制出一种铸铁轨道,并同洛什一起申请了专利。将木轨改为铁轨,解决了火车发展史上的一个关键问题!

同时,斯蒂芬森不断改良火车头。在此后的五六年里,他一共制造了16辆蒸汽机车,质量越来越好。他和洛什共同研制的铸铁轨道也被别的矿区采用了。

1821年,斯蒂芬森受富商爱德华·皮斯的委托,开始修建斯托克顿至达灵顿的铁路。1825年,这条铁路终于建成,并于同年9月27日举行了隆重的通车仪式。斯蒂芬森亲自驾驶着他制造的火车头"运动号",拉着33节车厢和450多名乘客,以约每小时24千米的速度从达灵顿驶向斯托克顿,然后再从斯托克顿拉着煤炭和乘客返回达灵顿。这是铁路运输史上一件划时代的大事——世界上第一条公用铁路就这样宣告诞生了!

接着,斯蒂芬森又负责修建利物浦至曼彻斯特的铁路。这条全长约 64 千米的铁路,把英格兰中部的两座重要城市连接了起来。1830 年 9 月 15 日,人们在利物浦举行了盛大的通车典礼,首相韦灵顿公爵亲自出席,几万人参加了这一盛典。这次试行的是斯蒂芬森制造的新型机车"火箭号",速度已提高到约每小时 58 千米。

铁路运输的优越性很快便被公众广泛接受,铁路建设也在欧洲和北美洲迅速展开,从此开创了铁路运输的新时代。

斯蒂芬森因在铁路建设初期做出的巨大贡献而被赞誉为"火车之父"。

工业革命

18世纪晚期，瓦特蒸汽机不仅在采矿业中得到广泛应用，在纺织、冶炼等行业中也获得迅速推广。18世纪60年代，英国纺织工哈格里夫斯发明了珍妮纺纱机。与旧式纺车相比，珍妮纺纱机的纺纱工效提高了8倍，但仍然需要使用人力。1785年，卡特赖特发明了动力织布机，使织布工效提高了40倍。由于纺纱机和织布机都要靠水力驱动，工厂必须建在河边，而且受河流水量的季节性影响，生产十分不稳定，这就促使人们研制新的动力驱动机械。同年，瓦特蒸汽机开始用作纺织机械的动力，并很快推广开来。1800年，瓦特蒸汽机专利到期时，英国已有84家棉纺织厂在使用瓦特蒸汽机，一些毛纺织厂也在使用。到1830年，英国整个棉纺织工业已基本完成了从工场手工业到以蒸汽为动力的机器大工业的转变。

19世纪30年代，瓦特蒸汽机已广泛应用到纺织、冶金、采煤、机器制造、交通等领域，很快引起了一场技术革命。瓦特蒸汽机最早是威尔金森机械制造厂的订货，用在该厂的高炉上做鼓风机。由于采用蒸汽动力鼓风降低了炼铁的燃料消耗，并缩短了冶炼时间，瓦特蒸汽机很快就在冶金行业推广开来。

1856年，英国工程师贝塞麦发明的转炉炼钢法获得专利，可以大量冶炼廉价钢；1856年至1864年，英国人西门子和法国人马丁又发明了平炉炼钢法，促进了钢铁的大规模生产。由于采用了新的炼钢技术，仅在1865年至1870年，世界的钢产量就增加了70%。而这些新技术的应用，都离不开蒸汽机的动力。可以说，是瓦特蒸汽机推动了世界钢铁工业的发展。

除了冶金业，瓦特蒸汽机还大大促进了采煤业的发展。瓦特蒸汽机在早期的"征战"中逐渐淘汰了纽科门蒸汽机，占领了矿山市场，成为英国矿区一道独特的风景线。最初的瓦特蒸汽机用来抽取深井里的积水，以保证工人能在更深的地方采矿。后来，瓦特蒸汽机在矿区的用途被进一步拓展，出现了蒸汽凿井机、蒸汽拽运机等，用来代替畜力凿井和人力背运，大大提高了生产效率。据统计，仅以煤矿来说，1835年英国的煤产量迅速增长至3000万吨，使英国成为欧洲第一产煤大国。

钢铁和煤炭作为新兴工业的两大支柱，二者的发展也促使机器制造业迅猛发展。早在1784年，瓦特就成功试制了蒸汽锤，每分钟可击打300次。1842年，英国工程师内史密斯制造了更大的重型蒸汽锤，可以锻制火车、轮船等需要的大型锻件，开启了蒸汽动力锻压机械的时代。与此同时，各种锻压设备和

第七章 | 蒸汽时代

大型磨床、钻床、刨床等金属加工设备也应运而生，从而推动了机器制造业的迅猛发展。到19世纪40年代，英国的主要产业均已采用机器生产，完成了工业近代化，成为世界上第一个工业化的资本主义国家，英国也因此被称为"世界工厂"。到1870年，英国在世界工业总产值中所占的比重为32%。为了寻求海外市场，英国将殖民地扩展到世界各地，因此当时的英国又被称为"日不落帝国"。

1851年5月1日至10月11日，英国在伦敦海德公园举办了第一届世界博览会（又称"万国工业博览会"），博览会的主题为"世界文化与工业科技"。这次博览会展现了工业革命后英国技冠群雄、傲视全球的辉煌成果，前来参观者超过600万人，近14000家国内外参展商提供了超过10万件的展品。博览会的"动力房"装有8个锅炉，共800马力，通过地下管道将高压蒸汽送到机械展览区。最新式的蒸汽锤和水压机、起重机、纺织机、印刷机、脱粒机、车床、圆锯等，在蒸汽机的驱动下现场演示，各展风姿。正如有的媒体报道称："齿轮的铿锵和皮带的节奏汇合成工业时代的交响乐。"

瓦特蒸汽机同时带来了交通运输业的变革。美国人富尔顿发明了用瓦特蒸汽机做动力的轮船，英国人斯蒂芬森发明了用

改变世界的巨人 | 瓦特

瓦特蒸汽机做动力的火车，开辟了交通运输的新时代。1830年，利物浦至曼彻斯特的铁路通车之后，欧洲各国和美国掀起了修建铁路的热潮，火车日益风行。到1850年，英国的铁路线就像蜘蛛网一样布满了全国，铁路运输成为交通运输业的主力。

总之，从工场手工业过渡到机器大工业的工业革命，是先从英国的纺织业开始的。继而，推动工业革命的先进技术又被美、法、德、俄等国家广泛吸收和采用，大大提高了劳动生产力，促进了商业和运输业的发展，加速了城市化的进程，极大地改变了人们的生活。所有这些改变都标志着瓦特蒸汽机成为真正的国际发明，推动世界工业进入了"蒸汽时代"。

恩格斯曾高度评价蒸汽机的伟大作用："蒸汽机是一个真正国际的发明，而这个事实又证实了一个巨大的历史性进步。""分工，水力、特别是蒸汽力的利用，机器的应用，这就是从 18 世纪中叶起工业用来摇撼旧世界基础的三个伟大的杠杆。"

工业革命对世界产生了深远的影响，它创造了巨大的生产力，促进经济迅速发展，并改变了世界的面貌。在工业革命的洪流中，科学技术的进步起了很大的推动作用。可以说，正是瓦特的技术成就很快转化为巨大的生产力，才对人类社会的发展起到了不可估量的推动作用。瓦特在世人心中的崇高声望，是当之无愧的！

第八章 | 老骥伏枥

学术明灯"月亮社"

瓦特在伯明翰生活期间,参加了著名的学术团体"月亮社",收获颇多。这个学术团体与皇家学会那种官方机构不同,属于民间社团,学术氛围自由,成员非常活跃。"月亮社"的成员多为学者、教授、科学家、发明家、工程师、作家、艺术家、诗人等,都是伯明翰的学术精英。这个学术团体之所以取名为"月亮社",是因为成员们在每个月满月的那天聚会,以便晚上散会后能看见回家的路。聚会由每位成员轮流做东招待大家。博尔顿经常举行这种招待会,瓦特也是积极分子。

定期参加"月亮社"活动的成员还有爱拉士姆·达尔文(即进化论奠基人达尔文的爷爷)、陶艺专家乔赛亚·韦奇伍德、印刷家巴斯克维尔,以及发明家塞缪尔·高尔顿、詹姆斯·基尔等。每个成员在参加活动时还可以带一个客人,许多客人都是名声显赫的爵士。达尔文是当地的名医、医学博士,而他写诗的名气不在行医之下,并且他还是个业余的机械师。韦奇伍德开办了一家陶瓷厂,生产的陶艺产品是英国皇室的首选,并远销欧洲其他国家。

达尔文是博尔顿和瓦特的朋友,对瓦特蒸汽机推崇备至。

第八章 老骥伏枥

有一次,他因为医务缠身不能与会,特地给博尔顿写了一封道歉信。从这封信中,足见"月亮社"聚会的精彩和强烈的吸引力。达尔文写道:

> 很抱歉,由于死神带着疾病光顾人间,并同医生们展开了一场生死争夺大战,我今天不能到索霍去同您的那些贵宾相见了。天哪!聚会上有多少发明创造的奇想,有多少智慧,有多少妙言锦句,何等深奥而又灿烂辉煌!它们都将在您那批知识渊博、才华横溢的宾客之间,好像打羽毛球一般,你来我往,令人目不暇接。而可怜的我则必须赶去和死神搏斗,不得不把自己关在一辆晃荡拥挤的邮递小马车里,在皇家公路上被撞得青一块紫一块,同胃疼和发烧进行抗争……

另有一次,轮到瓦特做东招待这批成员,他给达尔文发出了邀请:

> 我提醒先生,您曾允诺在下个星期一来我家同各方学者共同进餐……由于您的鼓励,我要对一本新书提出严厉的批评,并将对"热"到底是不是燃素和空气的化合物,以及究竟火发

改变世界的巨人 | 瓦特

出的热能不能由镜子反射出来的问题得出结论。

我特此向您发出一个友好的预告,您会发现无论您发表什么意见都将深受欢迎……

瓦特给达尔文发出这个邀请的时间是1781年1月初,这时,"月亮社"刚吸收了一个杰出的新成员——普里斯特利。普里斯特利是英国著名的化学家,氧气的发现者,还是一个牧师,他学识渊博,通晓拉丁语、法语、德语、意大利语等多种语言,执着于学术研究,在追求真理上自诩是个"痴迷的猎狐者"。他善于鼓动,说话富有感染力,经常即席给大家表演化学小品。在他的感召下,"月亮社"的许多成员都开始对化学感兴趣,连忙得不可开交的博尔顿和瓦特也做起化学实验来。

有一天,普里斯特利拿了一个封闭的玻璃瓶,在大家面前晃了几下,然后接通了玻璃瓶内的电流。瓶内伴着噼噼啪啪的声响爆出一串电火花,不一会儿又熄灭了。原来,这个长着大鼻子的"猎狐者"提前在瓶子里装满了无色的氢气和氧气,它们混合后被电火花引爆,发出声响。

起初,普里斯特利并没有发现"变完魔术"后,瓶子里出现了一个神秘的"客人",敏锐的瓦特却发现了——玻璃瓶的

第八章 | 老骥伏枥

内壁上出现了好多小水珠!

"普里斯特利先生,这些是水珠吗?"瓦特好奇地问。

普里斯特利把玻璃瓶举到眼前,端详了一下,回答说:"好眼力,的确像是水珠。"

"瓶子里装的是什么呢?"

"氢气和氧气的混合物。"

"哦,我明白了。"

瓦特茅塞顿开，由此推断水是由氢和氧化合而成的。他给博尔顿写了一封信，说明了自己的发现。然而这时另有一个研究者——剑桥的物理学家卡文迪许公布了相同的发现。卡文迪许是一个性格怪僻、腰缠万贯的电学家，他首次对氢气的性质进行了细致的研究，并精确测量了地球的密度。卡文迪许的名气很大，被称为"有学问的人当中最富有的，也是富人当中最有学问的"。

于是，"发现水的成分"的桂冠就落在了卡文迪许的头上，这在瓦特和卡文迪许的支持者之间引发了一场激烈的辩论。不过，当事人双方都很豁达。瓦特说："谁第一个发现水的成分并不重要，重要的是已经发现了。"

虽然"月亮社"是一个学术团体，但它的许多成员都是当时具有变革精神的代表人物。他们思想激进，反对传统的宗教和世俗的等级制度，憧憬人类社会因为科学上的种种发现而得到解放。1789年7月14日，法国大革命爆发，"月亮社"的成员们为攻克巴士底狱而欢呼，认为这是自由与理性的胜利，是"君王统治权和教士统治权"的末日。特别是"痴迷的猎狐者"普里斯特利，更是公开宣称支持雅各宾派。博尔顿和瓦特则对此持谨慎态度。1791年7月14日，伯明翰的激进派在旅

第八章 老骥伏枥

馆举行法国大革命两周年纪念会,现场爆发了暴徒的骚乱,矛头直指"月亮社"的成员及其追随者。暴徒们高呼着"教会万岁!国王万岁!"的口号,围住了旅馆,进行打、砸、抢、烧。抢劫和焚烧持续了整整3天。普里斯特利仓皇逃出伯明翰,他的寓所被一把火烧光。索霍制造厂戒备森严,由用滑膛枪武装起来的忠实雇员昼夜守卫,才没有遭受重大损失。

"月亮社"在这场浩劫后仍继续存在了几年,但已是强弩之末。不过,"月亮社"点燃的学术明灯,永远照亮成员们的心灵。

财富与荣誉

经过大半生的奋斗和拼搏,瓦特功成名就,迎来了人生的辉煌。瓦特的晚年是在财富和荣誉的光环中度过的。博尔顿的成功经营使公司业务发展很快,他和瓦特都赚了不少钱。

在英国,像瓦特这样既能在经济上获得丰厚报酬,又能在有生之年看到自己的成就得到广泛承认和赞誉的发明家并不多。瓦特因改良蒸汽机的重大贡献获得了许多荣誉。1784年,瓦特当选为爱丁堡皇家学会会员,翌年又被选为英国皇家学会会员。1806年,格拉斯哥大学授予他法学博士荣誉学位,这对瓦特来说具有特殊的意义,他非常愉快地接受了。因为瓦特对蒸汽机的关注和研究,就是从格拉斯哥大学的数学仪器制造所开始的。可以说,格拉斯哥大学是瓦特走上科学发明之路的摇篮。

但是,首相提议授予他男爵勋位,瓦特却谢绝了。他不像牛顿那样对受封爵位感到无比荣耀,而是谦逊地保留着一颗平民的心。

1814年,瓦特又得到一项很高的荣誉,他被法国科学院接纳为外籍院士。这时,他已是誉满全球的大发明家了。

第八章 | 老骥伏枥

瓦特蒸汽机给伯明翰带来了迅速发展。在伯明翰,工厂一个个兴建起来,经济繁荣,人口增加,高楼林立。瓦特在郊区的房子,此时也被许多建筑物包围。瓦特不喜欢喧闹,希望寻求一处更宽敞、更清静的住宅。1790年,瓦特在伯明翰附近的希斯菲尔德购买了约16万平方米的荒地,并在那里修建了一座新居,由他的建筑家朋友塞缪尔·怀亚特设计。这是一处宁静的庄园,瓦特在庄园里种植树木,盖起了门房和温室,还开辟了一个带围墙的菜园。

瓦特去世前一直住在希斯菲尔德的庄园里。这里成为他安享晚年的居所。他在这里生活、工作和接待朋友。

虽然瓦特和博尔顿的合伙关系到1800年才结束,但瓦特搬到希斯菲尔德居住后,对公司的日常事务就很少插手了。1794年10月,瓦特和博尔顿的公司更名为"瓦特-博尔顿公司父子公司",由瓦特的大儿子小詹姆斯·瓦特和博尔顿的儿子马修·鲁滨逊·博尔顿接手管理。瓦特逐渐隐退,到1800年正式退休,这年他64岁。他很乐意告别繁忙的商业领域,退回自己的发明小天地,从创造中寻找乐趣,得到满足。

小詹姆斯15岁时,在威尔金森的工厂学习了一年,此后去日内瓦的一所学校继续深造。他于1788年回到英国,在博尔顿的建议下,被送到曼彻斯特的一家企业学习了两年商业管理。小詹姆斯聪明能干,是个商业管理人才,不过他思想激进,热衷于政治运动,崇拜法国大革命。1792年,他曾代表曼彻斯特的宪章学会到巴黎,对雅各宾俱乐部表示祝贺。他同雅各宾派的领导人丹东交情深厚,因此招来雅各宾派另一个领导人罗伯斯庇尔的忌恨。罗伯斯庇尔诬陷小詹姆斯是英国派来的奸细,小詹姆斯身陷险境,这才从政治噩梦中惊醒。他仓皇逃出巴黎,先跑到意大利,后又流落德国。小詹姆斯的经历让瓦特非常担忧。

直到1794年,小詹姆斯才辗转回到英国,回到伯明翰的家中。瓦特终于放心了,让他尝试接管公司的业务。小詹姆斯脚踏实地,充分表现出自己在商业方面的才能,很快便继承父业,同博尔顿的儿子合作,经营当时正处于鼎盛时期的瓦特蒸

第八章 老骥伏枥

汽机业务。小詹姆斯负责生产,博尔顿的儿子负责营销。

后来,瓦特和安生的小儿子格雷戈里·瓦特也加入管理团队。格雷戈里聪颖过人,非常优秀,和汉弗莱·戴维(后成为英国的化学家)是好朋友。

为了弥补年轻一代经验的不足,保障公司顺利过渡,博尔顿把忠心耿耿的默多克从康沃尔矿区调回以协助管理,同时吸收默多克为合伙人,确保了公司的持续良性运转。默多克负责公司的日常技术指导工作,并在1795年至1796年的引擎车间大规模扩建工程中起了领导作用。

1800年,瓦特退休时,博尔顿已是72岁高龄。性格外向的博尔顿和瓦特不同,他是久经沙场的商界宿将,也是残酷商战中的幸存者,商业就是他的脉搏。博尔顿虽然把索霍制造厂交给了下一代经营,但自己并不想退休养老。他在索霍新建了一个铸币厂,购买了许多大型设备,热衷于为世界各国铸造钱币。也许是受到牛顿晚年监管铸币厂的影响,博尔顿对此非常投入,不仅把铸币当作赚钱的生意,更把铸造的钱币当作艺术品。他在设计、制作上追求完美,精益求精。每当看见用自创的铸造工艺铸出来的金币、银币和铜币闪着美丽的光泽时,博尔顿都感到无比喜悦。

有朋友来访时，博尔顿很喜欢从橱窗里取出钱币样品炫耀："怎么样？比牛顿爵士铸的钱币精致吧！"

"嗯，牛顿爵士铸的钱币，哪比得上您的大作哟！"朋友恭维他。

"嘿嘿，牛顿可是铸币局局长啊！"博尔顿非常得意，就像一个受人夸奖的大孩子。

博尔顿比瓦特大8岁，身体健康状况不好，但这匹驾辕的老马从不喘息，一直工作到寿终之日。

瓦特退休后，和妻子安到欧洲大陆旅行。他们游览了比利时的布鲁塞尔、德国的法兰克福，还有法国的巴黎，然后再回到英国，旅途非常愉快。

无论在什么地方，瓦特都受到礼遇和热烈欢迎。他已是举世闻名的大发明家，在任何场合都是一个引人注目的人物。但瓦特始终保持着平和的心态，待人谦虚有礼，从不傲慢和装腔作势，人们看到的只是一个身材高瘦、面目慈祥的老人，一团白发从前额向后梳着，浓眉下的灰色双眼闪烁着智慧的光芒。

阁楼里的发明家

瓦特的晚年生活宁静而幸福,他在寓所的阁楼工作室里度过了许多快乐的时光。

在希斯菲尔德寓所厨房侧厅的顶层,有一间低屋顶的阁楼,由一道窄楼梯通上去。这间阁楼只有一扇长形窗,光线昏暗,窗外是一片灌木林。瓦特把它改装成一间工作室,里面摆着脚踏车床、工作台和写字台,墙边放着一排架子,上面摆满了琳琅满目的各类器具,如制作仪器的标尺、两脚规、圆弧镜、铸勺、熔罐、烙铁、吹管、蒸馏釜等,还摆放着他收藏的化石、矿石,以及其他用匣子或罐子装的标本等。甚至连他当年在格拉斯哥制凹槽用的那些特殊工具,也保存在一个抽屉里。木架上挂着一件皮围裙,那是他40多年前在格拉斯哥大学数学仪器制造所工作时穿的。实际上,这间小阁楼收藏了瓦特一生中非常珍惜的纪念物。阁楼上还备了一个煤火炉,不过,这个煤火炉不大,天冷时不能用来取暖,它是瓦特做试验用的。

也许有人会感到奇怪:大发明家瓦特为什么不在寓所里找一间比阁楼更宽敞、更明亮的地方作为工作室呢?答案很简单,他怕安干扰他的工作。前面曾提到,瓦特的这位妻子虽然勤勤

第八章 | 老骥伏枥

恳恳，但非常强势，全家大大小小的事务都由她说了算。安还特别爱干净，将房间收拾得一尘不染，空气中总飘着香水味。她自然不能容忍工作室里的铁气味，也看不惯那些凌乱不堪的摆设。

所以，瓦特选择这间不显眼的阁楼，就能摆脱安的"统治"了。阁楼工作室成了他的小天地和独立王国。瓦特还在这间工作室里准备了一个平底锅和一个烤箱，以便能自己做饭，从而免去到餐厅吃饭必须遵守的苛刻规矩——将自己收拾得干干净净。好在瓦特脾气温和，从来不跟安争吵或翻脸，因此家庭能够保持和睦安宁。

在阁楼工作室里，瓦特继续他的发明研究。他这时的研究纯属兴趣，没有任何商业目的，因此也不存在令人讨厌的发明专利权争执。1807年，瓦特成功研制出雕像复制机。他制作了两台这种新颖的机器，其中一台可以复制同原画一样大的像，另一台则可以把半身雕像任意缩小。瓦特曾用这两台机器复制了用大理石、红木和石膏制作的半身雕塑、圆形浮雕以及其他小雕塑。他还从一个雕塑家朋友钱特利那里借来亚里士多德、苏格拉底等人的石膏像，进行复制试验。虽然没有全部完成，但有一件作品非常成功，至今还保存在瓦特纪念馆里。瓦特曾在42岁时发明了复印机,可以复印信笺和文件,很受业界欢迎,并于两年后取得专利。如今他在阁楼工作室里发明的雕像复制机,技术上比复印机更先进,颇像现在的3D打印。

在希斯菲尔德庄园度过的岁月,是瓦特一生中最安宁的时光。然而,在这期间,瓦特却遭遇了丧女、丧子之痛。他和安生的女儿珍妮特于1794年不幸死于肺结核,年仅15岁。此后不久,格雷戈里也染上了可怕的肺结核。

瓦特夫妇带格雷戈里到康沃尔郡的南海岸等地疗养,希望那里温和的气候会使他康复,但最终还是没能挽救他的生命。肺结核在当时是不治之症,1804年10月,格雷戈里在埃克塞特去世。格雷戈里曾到戴维家做客,两人结成亲密的朋友。格雷戈里非常欣赏戴维在科学方面的才能,正是在格雷戈里的鼓励下,戴维才走上了成名之路。戴维接到格雷戈里的死讯,非常悲痛。他在悼词中写道:"他是一个品质高尚的人,还将会是一个伟人。啊!他的死是毫无道理的——因为他不该死呀!"

瓦特在"月亮社"的故交也陆续去世。达尔文于1802年去世,普里斯特利于1803年去世,最后诀别的,是瓦特的终身挚友和合作伙伴博尔顿。

1809年8月,博尔顿去世,享年81岁。博尔顿常年被肾

第八章 老骥伏枥

病和胆结石困扰,但他在病床上仍操心着铸币厂的事。当部下向他汇报完工厂的业务后,博尔顿平静地说:"我已经到了跟你们说再见的时候了。"说完,他就闭上了眼睛,离开了人世。

正在格拉斯哥附近旅行的瓦特听到博尔顿亡故的噩耗,心里非常悲痛。他立即给在索霍的博尔顿的儿子寄去了一封哀悼信,信中写道:"具有他那种才能者为数不多,而像他那样发挥自己才能者更是寥寥无几。但即使在他们身上增添了他那种对待他人的彬彬有礼、豁达大度和满腔热忱的品质,也难以造就一个能与他媲美的人物来。"

后来,瓦特在回忆录里充满感恩地写道:

> 在事业上,能够弥补我这个容易失望而且容易失去自信的缺点的人,就是乐天的博尔顿。在伯明翰,在索霍,我得到了他所给予的一切援助。现在,世人之所以能够广受蒸汽机的恩惠,要归功于博尔顿对这项事业无比的关心和费心的经营,以及高明的远见。假如没有博尔顿的帮助,单靠我个人的力量,我想,这个发明恐怕不会有今天的成就。

这是天才发明家的肺腑之言。

改变世界的巨人 | 瓦特

1819年，瓦特83岁。7月，他还去伦敦游览了一次，但回到希斯菲尔德后不久，瓦特就病倒了。

8月25日，瓦特安详地离开了人世。他被安葬在汉兹沃思的圣玛丽教堂，就在离博尔顿不远的地方。在墓的上方，耸立着雕塑家钱特利雕刻的瓦特塑像，形象栩栩如生。瓦特的塑像被运到教堂之前曾在索霍揭幕，很多老雇员触景生情，都不禁潸然泪下。

《讣告》里对瓦特蒸汽机这样称赞道："它武装了人类，使虚弱无力的双手变得力大无穷，健全了人类的大脑以处理一切难题。它为机械动力在未来创造奇迹打下了坚实的基础，将有助并报偿后代的劳动。"

这是世人对瓦特蒸汽机的赞颂，也是对瓦特伟大功绩的讴歌。瓦特的英名永垂不朽！

为了纪念这位伟人，伯明翰

詹姆斯·瓦特
1736—1819

第八章 | 老骥伏枥

的一所学校以瓦特的名字命名，"月亮社"的纪念碑上也有瓦特与蒸汽机的浮雕。瓦特的众多手稿被保存在伯明翰中心图书馆里，图书馆前矗立着瓦特的雕像。博尔顿的旧居后被辟为"马修·博尔顿博物馆"，用以纪念他与瓦特在蒸汽机改良上所做出的贡献。苏格兰的一些学校也以瓦特的名字命名，比如知名的詹姆斯·瓦特学院，还有爱丁堡的赫瑞-瓦特大学，其前身是建立于1821年的瓦特艺术学校。在英国各地，有超过50条道路以瓦特的名字命名。伦敦的威斯敏斯特教堂也建有瓦特纪念碑。

瓦特被誉为人类历史上最著名的发明家之一。美国作家查尔斯·穆雷在《人类成就》一书中，根据调查结果列出了历史上最知名的229位发明家，其中瓦特与爱迪生并列第1位。在1978年美国学者麦克·哈特所著的《影响人类历史进程的100名人排行榜》一书中，瓦特被列在第22位。

哈特在书中评价道："苏格兰发明家詹姆斯·瓦特常常被人说成是蒸汽机的发明者。他是工业革命的关键人物……他对纽科门蒸汽机的改良意义重大，以至于可以公正地认为，瓦特是第一个实用蒸汽机的发明者……它（蒸汽机）在工业革命中发挥了至关重要的作用，没有它工业革命就可能完全是另一回事……工业革命与美国和法国的革命几乎在同一时期内发生。尽管那时它似乎不那么显著,但今天我们可以看到,工业革命对我们人类的日常生活产生的影响,要远大于那两场政治革命中的任何一场。因此,詹姆斯·瓦特是历史上最有影响的人物之一。"

后人为了纪念瓦特,将国际单位制中的功率单位以"瓦特"命名。